라이브 커머스 24시

라이브 커머스 24시

초판 1쇄 인쇄 2021년 5월 18일
1쇄 발행 2021년 6월 10일

지은이 **노정아**

펴낸이 **우세웅**
책임편집 **김은지**
기획편집 **나은비 장보연**
콘텐츠기획·홍보 **박서영**
북디자인 **박정호**

종이 **엔페이퍼**
인쇄 **㈜다온피앤피**

펴낸곳 **슬로디미디어그룹**
신고번호 **제25100-2017-000035호**
신고년월일 **2017년 6월 13일**
주소 **서울특별시 마포구 월드컵북로 400, 상암동 서울산업진흥원(문화콘텐츠센터) 5층 20호**

전화 **02)493-7780**
팩스 **0303)3442-7780**
전자우편 **slody925@gmail.com(원고투고·사업제휴)**
홈페이지 **slodymedia.modoo.at**
블로그 **slodymedia.xyz**
페이스북·인스타그램 **slodymedia**

ISBN 979-11-88977-88-8 (03320)

수산물 큐레이터 물 만난 해녀의 돈 되는 라이브 커머스 성공 전략

이스! 너두 라방해!

라이브 커머스 24시

노정아 지음

슬로디미디어

지금은 라이브 시대! 라이브 커머스 7문 7답

1

안녕하세요, 노정아 작가님. 라이브 커머스에 대한 책을 쓰게 된 계기가 무엇인가요?

작년 코로나19가 한창이다가 살짝 누그러졌을 때, 지방 소상공인을 대상으로 마케팅 강의를 한 적이 있습니다. 한창 코로나19로 모두 힘든 시기를 보낼 때였죠. 그때 라이브 커머스에 대해 말씀드렸는데, 사실 지금 당장 온라인 판매하는 것도 쉬운 일이 아니라서인지 사장님들 모두 손사래를 치셨죠. 막상 해 보면 그리 어려운 게 아닌데, 홈쇼핑 같은 걸로 생각하셔서인지 부담을 느끼시더라고요. 그래서 저는 그분들도 지금 당장 스마트폰을 켜고 쇼핑 라이브를 할 수 있게 알려드리고 싶었어요. 라이브 커머스는 시간과 장소에 구애받지 않고 제품을 판매할 수 있기 때문에 잘만 활용하면 큰 마케팅 효과를 누릴 수 있거든요. 그래서 이 책을 쓰게 되었습니다. 직접 쇼핑 라이브 기획, 진행, 판매를 했던 경험과 노하우를 담았으니, 소상공인분들께 도움이 되었으면 합니다.

2

요즘과 같은 시기에 소상공인과 예비 창업자분들이 반드시 라이브 커머스 시장에 도전해야 할 특별한 이유가 있을까요?

"야! 너두 라방해."라는 문장을 이 책의 콘셉트로 잡았습니다. 홈쇼핑처럼 제품을 대량으로 확보해 두거나, 스튜디오를 갖추지 않아도 라이브 커머스는 가지고 있는 스마트폰만 켜면 시작할 수 있죠. 우리나라에 처음으로 홈쇼핑이 소개되었을 때, 대중의 반응은 '누가 직접 물건을 보지 않고 TV로 물건을 구입하냐?'였습니다. 굉장히 회의적이었지요. 그러나 지금은 다들 홈쇼핑으로 구입한 물건이 집에 한두 가지쯤은 있을 거예요. 라이브 커머스는 이러한 과도기를 넘어 많은 사람이 이용하는 구매 채널 중 하나가 되었습니다. 지금 당장 스마트폰을 켜고 제품 설명만 해도 최대 천 명 가까운 분들이 다녀갈 거예요. 그리고 실시간으로 시청자의 질문에 답하며 소통을 이어가면 단골도 생깁니다. 실제로 쇼핑 라이브를 통해 제품을 구입한 대부분이 구매 후기를 아주 친근하게 써 주시죠. 또한, 꼭 제품 판매가 아니더라도 제품의 효능과 효과를 적극적으로 알리면 소비자들의 현명한 소비를 도울 수 있어요. 판매자의 의무라고 생각합니다. 지금은 라이브 커머스만큼 효과적이고 적극적으로 소통할 수 있는 플랫폼이 없지요.

코로나가 종식되더라도 언택트에 익숙해진 소비자는 더욱 적극적으로 인터넷을 이용해 물건을 구입할 것입니다. 오프라인 매장만을 운영하며 가만히 앉아서 손님을 기다리지 마세요. 지금은 지역 주민만을 대상으로 판매하는 시대가 아닙니다. 하루라도 빨리 여러분의 좋은 제품을 더 많은 사람에게 알리세요. 이 책을 통해 시행착오를 줄여 라이브 커머스의 맛을 알아가셨으면 합니다.

3 기존에 라이브 커머스를 다룬 책들은 주로 전문 쇼호스트 출신의 저자가 쓴 경우가 많은데요. 전문 방송인 출신이 아닌 작가님만이 줄 수 있는 차별점이 있다면 무엇일까요?

저는 '물 만난 해녀'라는 스마트 스토어를 운영하며 수산물 유통업을 하고 있습니다. 한 시간에 억대의 매출을 올리고 완판 행렬을 이어가는 쇼호스트 출신의 저자가 쓴 책들과는 다르지요. 저는 직접 쇼핑 라이브 기획과 진행, 촬영 등을 하고 방송 후 트래픽과 매출 추이 등의 통계를 확인하며 더 효과적으로 상점을 운영하는 데 집중하고 있습니다. 제 책을 읽으시면 사장님의 입장에서, 사장님이 라이브 커머스를 더 효과적으로 운영할 수 있는 방법을 알 수 있을 거예요. 많은 소상공인분들이 제 책을 디딤돌 삼아 라이브 커머스에 도전하셨으면 합니다.

라이브 커머스도 결국은 매출 증대를 위한 하나의 마케팅 수단입니다. 제작사와 쇼호스트, 촬영팀이 시청자 수와 매출 증대에만 집중한다면 사장님은 조금 더 세세한 부분을 신경 쓰셔야 합니다. 예를 들어, 총 매출보다는 마진율, 잠깐 보고 나가는 시청자 수보다 진짜 내 브랜드를 알아주는 팬의 수, 한 번 방송에 들어가는 비용과 라이브 커머스를 계속 유지할 수 있을지의 여부 등이지요. 아이템에 따라 차이는 있지만, 결국은 사장님이 직접 라이브 커머스를 하는 게 더 큰 효과를 볼 수 있을 것입니다. 이 책은 그런 사장님들이 직접 라이브 커머스로 매출을 올리는 데에 도움이 되리라 생각합니다.

4 작가님 역시 자영업자 중 한 명이시죠. 라이브 커머스를 시작하고 나서 매출의 변화를 느끼셨나요?

네. 당연합니다! 쇼핑 라이브 플랫폼의 기획전이나 제작사에 기대지 않고 소소하게 혼자 방송했을 때에도 한 시간 방송에 평소보다 2~5배 정도의 매출이 발생했습니다. 방송 후에는 꾸준히 트래픽이 증가해 제가 방송하지 않은 다른 제품의 판매도 증가했죠. 제 제품에 만족한 고객님들은 어김없이 재구매까지 하시니 정말 효과적이었어요. 매출을 떠나 브랜드를 알리고자 하는 것이 제두 번째 목표이기에 재구매율을 보면 기쁘더라고요.

단, 꾸준히 쇼핑 라이브를 진행하는 게 중요합니다. 그래야 큰 효과를 볼 수 있어요. 제 경우에는 제품 협찬이 들어오고, OEM 제품을 제작하는 등의 사업 확장에도 도움이 되었습니다. 방송 시청자 수만큼 '물 만난 해녀'라는 브랜드를 알릴 기회가 많아졌습니다.

5 라이브 커머스에 처음 도전하는 분들이 가장 많이 하는 실수가 있다면 무엇이 있을까요?

많은 사람이 TV 홈쇼핑에 익숙해져서인지 라이브 커머스도 홈쇼핑처럼 해야 한다고 생각합니다. 그래서 대부분 제대로 된 장비가 구비된 스튜디오부터 찾으시죠. 하지만 라이브 커머스는 정말로 집의 주방이나 테이블 위에 제품을 올려놓고 스마트폰을 켜면 됩니다. 라이브 커머스의 가장 큰 매력이자, 타 채널과 다른 점은 '고객과의 실시간 소통'입니다. 매장에서 손님을 대할 정도의 제품에 대한 정보와 친근함만 있으면 충분해요. 무작정 못 한다고 손사래만 치지 마시고, 당장 매장에서 스마트폰을 켜고 시작해 보세요. 분명히 아주 신기하고 재미있는 일이 생길 거예요.

6 쇼핑 라이브를 진행하면서 있었던 가장 기억에 남는 에피소드가 있다면 말씀해 주세요.

저는 식품을 판매하기 때문에 주로 먹방이나 요리를 선보이는데요. 사실 제가 '요알못(요리를 알지 못하는)'입니다. 그래서 아주 간편한 요리 위주로 하는데 여전히 어설퍼요. 한 번은 젓갈을 판매하면서 명란 파스타를 만들었는데, 기름에 명란이 사방으로 튀는 바람에 방송을 끝낼 뻔한 적이 있습니다. 다행히 시청자분들이 댓글로 방법을 알려 주셔서 큰 사고를 막고, '시청자와 함께 만든 명란 파스타'가 되었죠. 그리고 생방송과 다름없는 라이브 커머스이다 보니 대부분 '이게 라이브의 묘미다' 등의 댓글로 방송 사고를 허용해 주시더라고요. 라이브 커머스의 매력을 알게 되고 시청자들과 더욱 친해지는 계기가 된 재밌는 경험이었지요.

7 마지막으로 앞으로의 계획이나 목표가 있다면 말씀해 주세요.

우선 라이브 커머스를 통해, 제가 운영하는 '물 만난 해녀'라는 브랜드를 알리고 수산물 유통의 패러다임을 변화시키고 싶습니다. 그리고 소상공인, 자영업자분들이 직접 라이브 커머스를 해서 매출을 올릴 수 있도록 돕고 싶어요. 라이브 커머스 교육 프로그램과 컨설팅을 계획 중에 있습니다. 말이 거창해서 컨설팅이지, 사실 제품과 관련한 소재는 생산자와 판매자가 가장 많이 가지고 있어요. 그들의 역량을 끄집어내 세상에 알리는 것이 제가 할 일이라 생각합니다.

이제는 라이브 커머스를 넘어 콘텐츠 커머스가 떠오르고 있는 시대이기도 합니다. 무형의 서비스도 콘텐츠화하면 생생하게 전달할 수 있지요. 교육이나 여행 등도 좋은 콘텐츠가 될 거예요. 앞으로 쇼핑 라이브 기획을 콘텐츠 커머스 분야로 확대해 더 재미있는 결과물을 만들고 싶습니다.

"야! 너두 라방해."

요즘 사업하는 사장님들을 뵐 때마다 제가 하는 말입니다. 언택트가 일상화된 요즘, e-커머스 시장에서 빼놓을 수 없는 판매 방식이 바로 '라이브 커머스'입니다. 2020년 여름에만 해도 라이브 커머스 플랫폼인 '그립'에서 양념 장어를 판매한다고 했을 땐, 그립을 전혀 모르는 사람이 더 많았어요. 저도 새로운 형식의 마케팅에 도전해 본다는 것 외에는 큰 의미를 두지 않았죠. 하지만 성과는 기대 이상이었습니다. 한 시간 동안 먹고 웃으며 떠드는 상이에 200명 정도의 시청자가 다녀갔고, 가만히만 있었으면 아무에게도 알려지지 않았을 제품을 많은 분이 구매하셨죠. 신기했습니다.

소상공인을 대상으로 마케팅 강의를 할 때 저는 라이브 커머스를 꼭 소개합니다. 그러면 사장님들의 반응은 모두 같았습니다. "나는 그런 거 못 해요." 혹은 "누가 그런 걸 보고 사나요?"라고 말이죠. 효과적이고 비용이 많이 들지 않으며, 색다르기까지 한 마케팅 소개에 소극적인 반응이죠. 아마 이 책을 집어든 여러분도 그런 의심을 품고 계실 것입니다. 그렇다면 처음 TV로 홈쇼핑을 선보였을 때 대중의 반응은 어땠을까요? 낯설음, 그 자체였습니다. 하지만 지금은 홈쇼핑을 통해 많은 제품이 완판 행렬을 이어가고 입소문을 통해 시청 예약까지 이루어지고 있지요. 라이브 커머스도 마찬가지입니다. 이미 중국에서는 '왕홍경제'라는 신조어가 생길 정도로 라이브 커머스 시장이 커진 걸 알면 남의 집 불구경하듯 바라만 보고 계시지는 못할 거예요. 우리는 이제 "누가 거기서 사요?"가 아니라 "그거 어떻게 해요?"라고 물어야 합니다.

저는 라이브 커머스를 접하며 느낀 점을 공유하고자 이 책을 집필했습니다. 직접 또는 직원을 내세워서라도 당장 스마트폰을 켜고 고객들과 소통하며 제품을 판매하세요. 이 책이 그러한 시작점에 훌륭한 가이드이자 마중물이 되었으면 합니다. 라이브 커머스를 이해하고, 접근하기 위해 이 책을 다음과 같이 구성하였습니다.

PART 1은 소비계층의 특성과 4차 산업혁명 그리고 코로나19로 인해 앞당겨진 언택트 시대에 대한 고찰을 통해 라이브 커머스의 가능성에 대해 기술했습니다. 라이브 커머스의 미래와 이로 인해 만들어질 다양한 콘텐츠를 소개합니다.

PART 2는 우리가 쉽게 접근할 수 있는 라이브 커머스 플랫폼을 소개합니다. 대표적으로는 네이버의 '쇼핑라이브', 그립컴퍼니의 '그립', 카카오의 '카카오 쇼핑라이브'가 있으며, 회사의 규모와 판매 방식, 매출 등에 따라 뛰어들어야 할 플랫폼이 다르니 자신에게 맞는 플랫폼을 선택하시길 바랍니다. 다양한 커머스 플랫폼의 차이점과 이용 가이드를 담았습니다.

PART 3은 라이브 커머스를 위한 상세한 방법을 실었습니다. 방송의 기획부터 참여까지 전문가에게는 너무 쉽지만, 초보에게는 당연히 쉽지 않습니다. 우왕좌왕하지 않고 프로페셔널하게 방송을 만드는 법과 방송에 필요한 각종 장비를 소개합니다. 저는 실제로 방송 전문가가 아니다 보니, 촬영 장비는 어떤 것을 구입해야 할지, 한 시간의 방송을 어떻게 기획하고 진행해야 할지 모든 것이 막막했습니다. 저의 이야기를 통해 시행착오를 줄이시면 좋겠습니다.

PART 4는 제품을 사고 싶은 상품으로 포장하는 방법을 소개합니다. 보기 좋은 떡이 먹기도 좋은 법입니다. 상품의 진가를 드러내고, 멋지게 포장하는 방법을 알아야 성공할 수 있습니다.

물론 하루아침에 익힐 수 있는 기술은 아닙니다. 하지만 방송을 몇 번 진행해 보시면 감을 잡으실 거예요. 저의 조언을 참고해 사장님의 방송에 화룡점정을 찍으시길 바랍니다.

이미 시장이 과열 상태라고요?

아니요.

지금 당장 시작하세요.

목차

PART 3 라이브 커머스 시작하기

PART 4 라이브 커머스로 매출 200% 올리기

PART
1

지금은
라이브 시대

01

세상 모든 것을 라이브 하라

"언니. 내가 도와줄게. 라이브 커머스해!"

2020년 5월, '퀸비플래닛'의 쇼호스트이자 친한 동생인 경민이에게 '라이브 커머스'라는 단어를 처음 들었다. 그러나 당시에는 라이브 커머스라는 말도 생소하고, 하는 사람도 드물어서 비용 대비 수익을 기대할 수 없으리라는 생각에 거절했다. 그런데 시간이 흘러 경민이는 다시 한번 나에게 라이브 커머스를 권했고, 쇼핑 라이브로 기적과도 같은 효과를 내 본 그녀의 두 번째 권유라서 더는 무시하기가 힘들었다.

하지만 여전히 자신이 없었다. 쇼호스트처럼 방송을 진행하며 채팅창으로 고객과 소통하고, 상품 소개를 위한 콘셉트 설정까지

오롯이 내 몫이었기 때문이다. 방송을 보니 다들 편안하게 집에서 제품을 설명하던데, 아무 경험이 없던 나에게는 그조차 부담이었다. 그러나 부담감이 익숙함으로 변하는 데까지는 그리 오랜 시간이 걸리지 않았다. 두려움과 망설임으로 시작한 방송이었지만, 첫 방송을 통해 '촉'을 감지한 나는 계속 방송할 것을 결심했다. 이유는 다음과 같다.

제품의 판매 전략을 세울 수 있다

실시간 댓글을 보며 내 제품에 대한 고객의 반응을 확인할 수 있었다. 물론, 댓글의 분위기를 만드는 지인도 있지만, 제품에 대한 현실적인 궁금증과 피드백을 주는 고객들 덕분에 제품의 콘셉트를 명확히 잡을 수 있었다.

돈이 안 들어가는 마케팅 수단이다

가만히만 있으면 알려지지 않았을 내 제품이 잠깐의 방송을 통해 몇백 명에게 노출되었다. 그리고 방송 중에도 매출이 발생하지만 방송 후에도 매출이 지속되었다. 내 제품과 내 브랜드가 알려진 효과 또한 무시할 수 없다. 실제로 방송 중 사이트 방문자 수가 트래픽 증가를 불러와 제품 노출에 효과적이었다.

견고한 팬을 확보할 수 있다

사실 제품 사양은 상세 페이지를 보면 알 수 있다. 그러나 라이브 커머스를 통하면 제품의 생생한 맛과 미처 전하지 못한 비하인드 스토리까지 전할 수 있으며, 고객과 조금 더 친밀하게 소통할 수 있다. 신뢰를 얻으면 고객은 단골이 되고, 팬이 된다. 실제로 고객들의 구매 후기는 긍정적이고 친근했으며, 구매에 영향을 주었다.

쇼호스트처럼 능수능란하게 말하고, 잘 갖추어진 스튜디오에서 방송해야 한다는 고정관념을 벗기고 나니, 나를 드러내는 데에 대한 거부감이 사라졌다. 물론, 방송 중에 소스를 엎어서 테이블을 난장판으로 만들기도 하고, 요리 중 프라이팬에서 기름이 사방으로 튀어서 당황한 적도 있다. 그러나 고객들은 그런 모습이 진짜 모습이라며 좋아해 주었다.

지지부진하던 매출은 라이브 커머스를 통해 점점 상승곡선을 그리더니, 나중에는 한 시간 방송으로 평소보다 4배 이상 오르기도 했다. 다시 말하지만, 가만히 있으면 아무 일도 일어나지 않았을 시간에 스마트폰에 대고 제품을 설명하고 고객과 농담하듯 소통하면 매출이 오른다. 하지 않을 이유가 없다. 조금 알려진 브랜드 제품을 판매한다거나, 라이브 커머스 플랫폼의 메인에 소개되는 영광을 얻는다면, 한 시간에 몇천만 원의 매출을 올리는 건 더 이상 남의 이야기가 아니다.

라이브 커머스를 하기 위해 거창한 무언가를 갖출 필요도 없다. 당신은 시작만으로 전국을 넘어 전 세계인을 대상으로 '랜선 단골'을 만들 수 있으며, 제품이 아니라 콘텐츠를 인기 상품으로 만들 수도 있다.

20년간 학원 운영과 학원 마케팅을 교육해 온 'iamscc'의 이지연 대표의 부 캐릭터는 '국내 1호 교육 콘텐츠 라이브 쇼핑 호스트'이다. 그간 쌓아온 경력으로 교육 콘텐츠 라이브 방송을 하여, 학원 마케팅을 선보인 것이다. 실제로 그녀의 라이브에는 수백 명의 학부모가 몰렸고, 학원 마케팅에 새로운 바람을 불러일으켰다는 데에 의미가 있었다는 평을 받았다. 개인적으로 나는, 그녀가 라이브 커머스의 영역을 확장시킨 데에도 의미가 있다고 본다.

2020년 말에 선보인 라이프코치 문지원 대표의 '퍼스널 컬러 진단 컨설팅'도 좋은 사례로 꼽힌다. 문지원 대표는 항공사 사무장 출신으로 '위 스마일 이미지 연구소'를 운영하며 오프라인으로 퍼스널 컬러와 컬러 심리코칭을 하는데, 라이브 커머스를 통해 퍼스널 컬러 콘텐츠를 알리고 사업장의 홍보 효과도 톡톡히 누렸다고 밝혔다. 물론, 직접 만나야 하므로 지역적 제한은 있었지만, 수

백 명의 고객과 소통하는 경험에 만족했고, 컬러를 통한 사업적 아이디어를 얻었다.

이처럼 라이브 커머스는 제품뿐 아니라, 다양한 콘텐츠와의 결합이 가능하다. 지금 당장 생각의 틀에서 벗어나 도전하라. 이 책의 가이드에 따른다면 세상의 모든 것을 라이브 할 수 있다.

퍼스널 컬러 라이브 방송 중인 '위 스마일 이미지 연구소'의 문지원 대표와 교육 콘텐츠 라이브 방송 중인 'iamscc'의 이지연 대표

라이브 커머스란?

"그거 몇 킬로그램이에요?" 채팅창에 올라온 질문에 미리 준비한 듯이 노란 고무장갑을 낀 사장님이 커다란 홍게 한 마리를 꺼내 저울에 올려 무게를 보여 준다. 그러자 "와, 정말 실하다! 실제 무게예요?" 등등의 댓글이 질세라 올라온다. 그때 '게사랑'이

라는 아이디를 쓰는 사람이 "속이 꽉 찼나요?"라고 묻는다. 사장님은 얼른 들고 있던 홍게를 찜기에 올리고 한 마리씩 손가락으로 들추며 속이 찬 홍게 고르는 법을 세심하게 설명한다. 카메라가 홍게를 클로즈업하자 파란 양동이에 담긴 게들이 살아 있음을 증명하듯 집게를 움직인다. 그 사이에 사장님은 익은 홍게를 반으로 갈라 내장을 보여 준 다음, 먹기 좋게 다듬어 꽉 찬 살을 다시 한번 보여 준다. 입에 침이 고인 나는, 나도 모르게 구매 버튼을 눌러 채널에 연동된 계좌로 결제 완료! 댓글로 "구매했어요!"라고 알리자 사장님은 내 아이디를 부르며 손가락 하트를 보낸다. 뭔가 뿌듯한 기분에 다음 방송 알림을 클릭한다. 사장님이 이름을 불러 준 순간, 나는 홍게 사장님의 팬이 된다.

　요즘 라이브 커머스의 실시간 상황을 묘사한 내용이다. 외출이 조심스러운 요즘, 온라인 쇼핑은 일상이 되었다. 그리고 이제는 텍스트와 사진을 보고 구매하기보다 실시간 방송을 보며, 궁금한 점을 바로바로 묻고 구입을 확정한다. 얼핏 보면 홈쇼핑과 비슷하다. 그러나 홍게 사장님은 홈쇼핑에 나오는 쇼호스트처럼 세련되고 숙달된 언변은커녕, 작업복에 노란 고무장갑을 끼고 구수한 사투리를 구사하고 있다. 그리고 홈쇼핑은 궁금한 점이 있으면 콜센터에 전화해 상담 번호를 눌러 힘들게 연결된 상담원에게 물어보지만, 쇼핑 라이브에서는 바로바로 채팅창으로 물어본다. 이렇게 라이브 커머스는 현장감이 있고, 판매까지 쉽게 이어진다.

즉, '라이브 커머스'란 실시간 개인 방송과 전자상거래가 결합된 스마트폰 기반의 판매 방식을 말한다. 소비자와 실시간 소통과 판매까지 가능한 플랫폼이라 볼 수 있으며, 우리나라에서는 2018년 그립컴퍼니의 '그립' 플랫폼을 통해 본격적으로 라이브 커머스가 소개되었다. 그러나 알려지기 시작한 건 언택트 라이프가 익숙해진 최근이다.

e-커머스 시장에 뒤늦게 뛰어들어 전성기를 맞이한 국가가 있다. 바로 중국이다. 중국의 라이브 커머스를 이끌어 나가는 인터넷 스타 왕홍들은, '왕홍경제'라는 신조어를 만들 정도로 중국의 유통 시장에 큰 영향력을 행사하고 있는데, 대표적인 왕홍 리자치는 무려 7,841만 명의 팔로워를 보유하고 있으며, 그가 방송한 유자차는 1분 20초 만에 5만 여 개가 완판되어 6억 3천만 원의 매출을 올렸다.

중국의 라이브 커머스 대표 플랫폼 '타오바오 라이브'를 통해 거래된 금액은 2019년 기준 34조 원에 이르며, 2020년에는 163조 원을 훌쩍 뛰어넘을 걸로 예상된다. 그리고 우리도 이와 비슷한 사례가 생기고 있다. 수입 주방용품을 판매하는 업체가 한 시간 만에 1억 원의 매출을 올리고, 시장에서 건어물을 파는 상인이 자리에 앉아 라이브 방송을 켜고 먹기만 했는데 100만 원 넘게 매출을 올렸다는 이야기도 이제는 흔하다.

우리나라도 라이브 커머스 시대의 막이 올랐다. 라이브 커머스 플랫폼 '그립' 이전부터 있어 온 티몬의 '티비온(TVON)'을 시작으로 현재는 네이버, 카카오, 쿠팡까지 쇼핑 라이브를 론칭한 상태이며 백화점과 통신사도 라이브 커머스 시장에 뛰어들고 있다. 실제 네이버는 라이브 플랫폼 출시 3개월 만에 라이브 판매자 수 660% 상승, 라이브 방송 789% 상승, 라이브 방송 콘텐츠 2만 건 이상 등록의 기록을 세우고 있다. 물론 방송사마다 소상공인을 위한 채널을 확대하는 곳, 웹 예능 형태의 방송을 하는 곳 등 채널 특유의 개성을 살려 차별화하고 있다.

라이브 커머스의 특징

라이브 커머스는 언제 어디서든 누구나 할 수 있다. 지금 당장 판매할 제품이나 콘텐츠만 있다면 스마트폰의 카메라만 켜면 된다. 또한, 진행은 생산자나 판매자가 직접 할 수도 있고, 입담 좋은 쇼호스트가 할 수도 있다. 이 책에서는 쇼핑 라이브를 진행하는 사람을 '진행자', 고객을 '시청자'라 통칭하겠다. 라이브 커머스의 고객은 제품의 효능보다 방송 콘텐츠를 보고 구매하기까지 하므로 시청자로 보는 게 바람직하기 때문이다. 라이브 커머스의 특징은 다음과 같다.

시청자와의 실시간 소통

라이브 커머스의 가장 큰 매력은 시청자와의 소통이다. 판매자는 채팅창을 통해 소비자의 실시간 반응을 보며 제품을 팔 수 있고, 소비자는 마치 오프라인 매장에서 꼼꼼히 물어보며 물건을 고르듯이 채팅창에 질문하며 쇼핑할 수 있다.

실시간 댓글로 소비자와 소통하는 모습

헤어 세팅기를 판매하는 방송이라면, 진행자는 정말 머리만 감고 나와 세팅기의 성능을 보여 준다. 세팅기로 갓 말린 머리를 정리하며 장점을 알려 주기 위해서이다. 채팅창에는 곧 "웨이브 세팅도 잘 되나요?"라는 질문이 올라올 것이다. 그러면 진행자는 시청자의 궁금증을 해결하기 위해 바로 세팅기에 머리카락을 넣어 돌돌 말아 완벽한 성능을 보여 준다.

음식도 마찬가지이다. 그간 시식을 통해 직접 맛을 보고 구매를 결정하던 소비자는 진행자에게 직접 맛을 봐 달라고 요구할 것이다. 그러면 진행자는 바로 맛을 보며 최대한 사실적으로 맛을 표현한다. 흥미로운 건 쇼핑 라이브에서는 시청자끼리도 소통이 가능하다는 점이다. 한 연구에 따르면 남성 소비자의 경우, 진행자와의 소통보다 시청자끼리의 소통이 구매에 더 큰 영향을 미친다고 한다.

물론, 실시간 라이브이므로 돌발 상황도 생기고 방송 사고도 잦다. 그러나 라이브 커머스 세계에서는 이 또한 시청자들의 공감을 사는 도구가 된다. 누구나 저지를 법한 일상적 실수가 내 이야기와 같기 때문이다. 나도 손질 꽃게를 판매하기 위해서 칠리크랩을 요리해서 먹는 모습을 보여 준 적이 있다. 칠리크랩 특유의 향을 전달하며 맛있게 먹었다. 그런데 칠리크랩이 한입에 다 들어가지 않아 이로 잘라서 먹다가 테이블 위로 소스가 튀고 떨어지는 민망한 장면이 그대로 노출되고 말았다. 그러나 반응은 오히려 뜨거웠다. "얼마나 맛있으면…", "침 나오잖아요.", "더러워요.", "여자를 변신하게 만드는 꽃게."와 같은 댓글로 모두 즐거워했다. 소비자는 이렇게 꾸며낸 모습보다 일상적이면서도, 사소한 질문에도 성의껏 대답해 주는 모습에 더 반응한다.

실제로 직접 먹어 보거나 입어 볼 수 없더라도, 진행자가 꼼꼼히 체크해 주어 구매한 제품에 대한 만족도는 높다. 지금까지 '그립'에서 판매한 제품의 반품률은 0.9%로, 홈쇼핑 반품률 20%와 e-커머스 반품률 10%에 비하면 매우 낮은 수치이다. 직접 방문하지 않아도 실시간으로 흥정과 구매를 할 수 있는 것이야말로 라이브 커머스의 가장 큰 특징이다.

시청자를 매료시키는 오락성

내가 승무원이던 시절, 가장 행복했던 시간은 긴 비행을 마치고 호텔의 안락한 침대에 누워 예능 프로그램을 보던 때였다. 뭐가 그렇게 재미있었는지 모르겠지만, 당시 본방송을 사수할 수 있는 토요일은 내게 큰 행복이었다. 침대에 누워 낄낄대며 혼자 누릴 수 있는 호사스러운 시간이기도 했다. 쇼핑 라이브도 이런 예능 프로그램처럼 한 번 들어온 시청자를 꽉 붙잡아 둘 요인인 '오락성'이 필요하다. 중국의 왕홍처럼 거대한 팔로워 군단을 이끄는 인플루언서야 걱정 없지만, 우리의 고객은 대부분 서로 처음 마주한 사람들이 아닌가. 시청자는 정말 필요한 제품을 사려고 보는 방송이 아닌 이상은, 한 시간 정도의 방송을 끝까지 보지 않는다. 우리는 그들을 붙잡아야 한다. 수많은 쇼핑 라이브가 오락성을 추구하는 이유이다.

나도 재미있는 쇼핑 라이브를 기획하려고 노력한다. 실제로 네이버 쇼핑라이브의 캘린더에 실리는 기획전을 위해, 파리의 골목길 분위기가 나는 '아이 해브 어 드림'이라는 레스토랑을 대여하고, 뮤지컬 배우인 지인을 섭외해 '국내 최초 뮤지컬 쇼핑 라이브'를 기획해 방송한 적이 있다. 가장 영향력 있는 플랫폼에 실리는 기획전이라 신경 쓴 것도 있지만, 결과는 기대 이상이었다. 2,500명의 누적 시청자가 방송을 시청하고, 댓글은 확인도 못 할 만큼 빠르게 올라갔다. 혼자 준비하는 바람에 아쉬운 부분은 있지만, "새로운 콘셉트예요.", "몹시 신박한 라이브!", "다시 보기 각이다." 등의 반응에 기뻤다. 그리고 이 방송을 통해 '물 만난 해녀'라는 나의 브랜드를 알리고, 대여한 레스토랑을 홍보할 수 있었다. 무료로 빌린 장소에 대한 대가는 톡톡히 치른 셈이다.

(방송보기)

심리학자 에이프릴 레인 벤슨은 쇼핑의 이유 중 하나를 '물건을 사는 순간에 들떠서 기분이 전환되기 때문'이라고 했다. 즉, 쇼핑하는 것만으로도 인간은 즐거움을 느낀다. 거기에 쇼핑 라이브는 연출된 재미에 준비되지 않은 현실적인 모습이 오락적 요인을 극대화해 제공한다. 라이브 커머스가 사람들에게 사랑받는 이유이다.

궁금증을 한 방에 해결하기

스티브 잡스는 "나는 사람들이 보여 주기 전까지는 그들이 무엇을 원하는지 모른다. 내가 해야 할 일은 조사 보고서에 없는 것을 읽어내는 것이다."라고 말했다. 즉, 판매자는 제품을 구매해야 하는 이유나 사용법을 상세히 알려 주며 소비자에게 제품의 가치를 일깨워 주어야 한다. 이는 내가 사업을 시작하고 반년이나 지난 후에야 깨달은 바이기도 하다.

내가 판매하는 제품 중에 재래식 청국장 가루가 있다. 청국장 가루는 당연히 청국장찌개를 만들어 먹기 위함이지만, 나는 요구르트에 두 스푼 정도 넣고 올리고당을 조금 뿌려 아침 대용으로 먹는다. 이런 아침 대용 청국장 가루 활용법을 소개하자, 청국장 찌개보다 내가 소개한 방법으로 먹는 후기가 많이 올라왔다. 순간, 판매자로서의 책임감에 어깨가 무거워지며, 내가 알고 있는 것을 소비자가 당연히 알 거라는 것은 착각임을 깨달았다. 그리고 어떤 질문에도 대응할 수 있을 정도의 경험과 노하우가 필요함을 알았다.

실제로 시청자들은 판매자를 전문가라고 생각해 이것저것 물어본다. 정말 사소하고 관련 없는 것까지 말이다. 시청자의 질문에 능수능란하게 답할 수 없어 난감한 상황에 처하기도 하지만, 그래도 관록 있는 판매자나 진행자는 어떻게든 정보를 찾아 시청자를 만족시킨다. 이것이 라이브 커머스의 묘미이다. 진행자가 질문에 대한 답을 찾을 수 없을 때는 방송 스태프나 직원이 정보를 찾아 채팅창에 남겨 줄 수도 있다. 어찌 되었든, 진행자는 한 시간 동안 제품에 대해 끊임없이 말할 수 있어야 한다. 시청자는 구입 전에 제품의 이모저모를 다 알고 싶어 하며, 사용법부터 조리법, 다른 제품과의 비교, 성분 등 다양한 질문을 해 오기 때문이다.

예외도 있다. 제품의 옵션을 달리해 구입할 수 있느냐는 등 판매자가 결정해 답해야 하는 경우이다. 진행자가 쇼호스트라면 충분히 생길 수 있는 상황이다. 이럴 때는 호언장담하기보다 판매자에게 물어서 확실한 답을 구하고, 안 된다고 하더라도 설득해서 옵션을 변경하게 할 수도 있다. 진행자에게 제품 정보의 습득도 중요하지만, 임기응변에 능함도 필요한 일이라 하겠다. 즉, 진행자는 제품에 대해 척척박사임과 동시에, 제품 판매에 대한 결정에 있어서는 실시간 스트리밍의 맛을 살리는 게 좋다.

라이브 커머스는 방송을 통해 판매 제품에 대한 정보뿐 아니라 사용법, 다른 제품과의 매칭, 유행, 요리법 등 다양한 정보를 시청자에게 제공하는 기능도 있다. 또한, 시청자들끼리의 상호 작용성, 언제 어디에서나 접속할 수 있는 편재성과 이동성, 콘텐츠의 생동감을 갖춘 판매 방식이다. 그리고 분명한 것은, 이러한 라이브 커머스의 장점에 많은 사람이 적응하고 있다는 것이다.

라이브 커머스의 파워

당신의 매장에 천 명의 방문객이 동시에 입장했다면? 누적 방문객이 만 명이라면? 못해도 매장의 크기가 운동장만은 해야 하고, 직원은 적어도 100명은 있어야 할 것이다. 그래야 까다로운 손님을 일일이 응대할 수 있다. 백화점이나 되어야 가능할 법한 고객을 10

평짜리 조그만 내 매장에 들일 수 있을까? 라이브 커머스라면 가능하다! 천 명의 방문객을 한꺼번에 들이고, 일일이 그들을 응대하며 자세한 설명까지도 할 수 있다. 직원 없이 당신 혼자서 말이다!

2020년 3월에 출시된 '네이버 쇼핑라이브'는 3개월 만에 판매자 수 600%, 라이브 방송 수 790%, 누적 방송 뷰 3천 만을 돌파했다. 우리나라 인구의 2/3가 한 번씩 보았다는 말과 같다. 그 뒤를 이은 카카오도 2020년 5월에 '카카오 쇼핑라이브'를 선보이고 100일 만에 누적 시청 횟수 500만 회, 톡 채널 친구 수 100만 명을 돌파했다. 실제로 여성복 쇼핑몰 '모노타임'은 네이버 쇼핑라이브를 통해 10월 한 달간 7회 방송으로 4,200만 원의 매출을 올렸고, 과일 수출업체 '코코마켓'은 그립을 통해 천혜향과 한라봉 3톤을 판매했다. 소상공인이 라이브 커머스를 이용해 엄청난 매출을 올린 것이다.

매출이 기대에 미치지 않아도, 꾸준히 방송하면 대중에게 제품과 브랜드를 각인시키는 효과도 있다. 나도 첫 방송 시청자는 500명 정도였다. 그러나 방송 횟수가 늘어나자, 방문자 수가 2천 명 가까이 늘었으며 동시 접속자가 천 명이 넘을 때도 있었다. 〈이베스트투자증권〉 보고서에 따르면 네이버와 카카오를 필두로 올해 우리나라의 라이브 커머스 시장 규모는 약 3조 원, 2023년까지 8조 원의 규모로 성장할 것이라 예상된다고 한다. 홈쇼핑이 25년간 총 매출액이 7조 원인 데 반해, 라이브 커머스는 3년 만에 총 매출액이 3조 원을 넘어선 것이다. 라이브 커머스의 잠재력을 짐작할 만한 수치이다.

매장을 운영했을 때 하루 방문객이 100명이라면(요즘은 코로나19로 훨씬 못 미칠 것이다), 라이브 커머스를 하면 그의 몇백 배의 고객을 마주하게 될 것이다. 고객은 외국에서도 오고(물론, 반대로 시청자가 런던이나 파리의 매장에 방문할 수도 있다), 그냥 지나가다 들를 수도 있다. 게다가 매장에 주인이 없어도 손님은 매장에 들어와 주인이 남긴 방송을 보고 상품을 골라 결제까지 하고 갈 수 있다. 일부러 방송을 지우지 않는 이상 고객은 제품의 이모저모를 따져 보고 구매할 수 있다. 이것이 라이브 커머스의 위력이다.

시장이 이렇게 변하다 보니 쿠팡, 티몬을 포함한 온라인 업체뿐 아니라 백화점 등 유통업체들도 이 판에 뛰어들고 있다. CJ올리브 네트웍스의 '라이브라떼'는 라이브 커머스와 라이브 공연 기능이 결합된 플랫폼으로 다양한 플랫폼과 연동되도록 설계해 시청자의 접근을 용이하게 했으며, SK의 'SK스토아ON'은 VOD 매장을 이용해 현재 방송하고 있는 홈쇼핑 상품뿐 아니라 원하는 상품을 언제든 보고 구입할 수 있게 설계했다. 홈쇼핑과 라이브 커머스가 결합된 형태로 볼 수 있다. 더 나아가 빅데이터 기반의 맞춤형 라이브 방송, 라이브 커머스 풀필먼트 서비스 등 소비자의 시선을 끌기 위한 차별화한 서비스도 마련되어 있다. 업체의 경쟁이 심해질수록 내 제품과 콘텐츠를 팔 활로가 넓어지는 것이다. 즉, 우리는 그 판에 올라타기만 하면 된다! 자, 이제 다 마련되어 있는 이 거대한 라이브 커머스 시장으로 시선을 옮기자. 생각보다 많은 사람들이 내 상품을 지켜보고 있다. 준비한 제품과 콘텐츠를 마음껏 자랑할 준비를 하자.

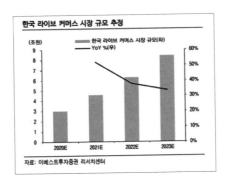

주요 라이브 커머스 업체 전략		
기업	**서비스**	**특징**
네이버	쇼핑라이브	소상공인 대상 3% 수수료(업계 최저)
카카오	카카오 쇼핑라이브	스튜디오 촬영, 고품질 방송 제작
CJ올리브네트웍스	라이브라떼	라이브 쇼핑과 라이브 공연 결합
SK스토아	SK스토아ON	TV 리모컨으로 검색까지 가능
KTH	K쇼핑 TV MCN	유튜버가 활동 가능한 24시간 다중 채널

02

라이브 커머스에
길들여진 소비자

라이브 커머스의 성장은 언택트 시대의 도래 이후 가속화하고 있다. 그러나 그 성장은 이미 유통시장에서 예고되어 있었다. 라이브 커머스 시장이 구체적으로 어떻게 성장했는지 알아보자.

거부할 수 없는 변화의 주역, 코로나19

며칠 전 동네 유명 쌈밥집 사장님이 내게 한탄했다. 늘 만석으로, 20년 넘게 한 자리에서 쌈밥집을 운영했는데 이번 코로나19로 벌어 둔 돈의 절반 가까이를 까먹었다고 말이다. 정말 갑갑할 노릇이다. 외국인 관광객이 주 고객층이었던 명동의 한 50년 전통 한식당도 영업 난으로 문을 닫는 요즘이다. 아무튼 2020년 한 해는 코로나19로 인해 소상공인들의 가계가 뿌리째 흔들린 해였다. 4차 산업혁명의 도래로 많은 것이 변화할 거라 예상했지만, 코로나19로 인해 '빨리 온 미래' 앞에서 사람들은 혼란스러워했다.

팬데믹으로 인한 변화 중, 모바일을 기반으로 한 e-커머스의 확대라는 유통업계의 변화는 주목할 만하다. 통계청에서 발표한 〈온라인 쇼핑 동향〉에 따르면, 2020년 2월 온라인 쇼핑 거래액은 11조 9천 618억 원으로, 1년 전보다 24.5%(2조 3천 545억 원) 증가했다. 그리고 젊은 층이 온라인 쇼핑의 주 고객이었다면 이제는 세련된 할머니는 총칭하는 '그래니시크'도 등장했다. 손자 옆에서 온라인 쇼핑을 즐기는 것이다. 마케팅 업계의 대가 필립 코틀러는 《필립 코틀러 리테일 4.0》에서 '지금 세상은 알고리즘 속도도 변한다. 유일하게 변하지 않는 것은 변화 그 자체이다'라고 언급하며, 시대에 유연하기를 당부했다. 포스트 코로나 시대에 발맞춰 우리의 비즈니스도 변화해야 할 때이다.

오프라인 매장에서 구매하던 소비자는 이제 편리하고 안전한 모바일을 통해 쇼핑을 즐긴다. 그리고 적극적인 소통으로 제작과 생산에까지 관여한다. 이런 소비자의 요구에 맞춘 시장이 라이브 커머스이며, 나아가 제품을 사용하는 콘텐츠를 보여 주는 콘텐츠 커머스 시장도 열리고 있다고 보아야 한다.

온라인 커머스에 날개를 달아 준 모바일 페이

국내 라이브 커머스 시장의 주역은 단연 네이버와 카카오이다. 네이버 플랫폼을 이용하는 고객은 네이버페이를 사용해 쉽게 구매하고, 카카오 플랫폼을 이용하는 고객은 카카오톡과 카카오페이를 통해 궁금증을 해결하고 빠르게 구매한다. 즉, 모바일 페이 시스템은 라이브 커머스의 성장에 날개를 달아 주었다.

2020년 11월 한국은행이 내놓은 〈코로나19 이후 최근 국내 지급결제동향〉에 의하면, 코로나19 이후 1~9월까지 모바일 기기 등을 통한 결제는 일평균 1조 원에 달하고 그중 간편 결제 방식을 이용하는 비중은 39%에 달했다고 했다. 10명 중 4명은 간편 결제 서비스를 이용하는 셈이다. 개인정보보호를 이유로 모바일 페이를 사용하지 않고 전화 주문을 하는 고객도 있긴 했다. 그러나 코로나19로 인해 온택트 생활이 익숙해진 지금 그 수는 현저히 줄었다.

중국은 모바일 페이 사용이 더 활발하다. 알리페이와 위챗페이로 많은 것을 해결하며, 구걸도 QR 코드를 걸어 할 정도이다.

나는 2019년에 중국에 방문해 옴니 채널의 대표 슈퍼마켓 '허마션생'에서 물건을 구매하려다가 중국에서 통용되는 모바일 페이가 없어서 난감했던 적이 있다. 결국 현금으로 결제했는데 그마저도 복잡한 과정을 거쳐야 했다. 중국은 작은 포장마차에서도 모바일 페이를 사용한다. 전 국민이 모바일 페이를 사용한다고 해도 과언이 아니다.

오프라인 매장을 운영하는 판매자는 지금 당장 모바일 페이 시스템에 신용카드와 계좌를 등록하자. 라이브 커머스를 통해 적극적으로 소통하고, 클릭 한 번으로 간편하게 구매하는 소비자의 심리를 이해할 수 있을 것이다.

취향과 경험을 중시하는 밀레니얼 세대

현재 소비 시장의 중심에는 밀레니얼 세대가 있다. 밀레니얼 세대란 1981~1996년 사이에 태어나 베이비부머 세대를 부모로 둔 세대를 말한다. 현재 경제 활동 인구의 48%를 차지하며, 유통업체 또한 이들의 취향에 맞춰 변화하고 있다.

밀레니얼 세대는 유행보다는 개인의 취향을, 소유보다 경험을 중요시한다. 이에 맞춰 명품 브랜드 '구찌'도 명품으로서의 가치보다는 SNS로 구찌의 명소를 찾아다니는 여행 프로그램을 만들어 홍보한다. 새로운 경험을 제공하는 마케팅을 펼치는 것이다. 밀레니얼 세대의 취향을 저격하는 동시에 명품으로서의 가치도 실현하는 셈이다. 온라인 식자재 마트 '마켓컬리'도 밀레니얼 세대를 공략한 마케팅으로 성공한 회사이다. 믿고 먹을 수 있는 식자재와 음식을 제공하고 새벽 배송 시스템이라는 유통 시스템을 선보인 것이다. 실제로 마켓컬리는 출사표를 던진 지 5년 만에 연매출 1조원을 올렸다. 제품의 판매에만 집중하는 게 아니라, 먹고 싶다는 생각이 들 정도의 스토리텔링을 가미한 제품 소개, 요리법 소개는 밀레니얼 세대의 취향을 관통했다. 제품의 가치와 경험을 담은 스토리텔링과 빠른 배송은 소비자가 열광할 수밖에 없는 판매 소구점이다.

그리고 라이브 커머스는 이 모든 요소를 다 갖춘 플랫폼이다. 밀레니얼 세대 소비자는 매우 적극적이다. 실시간으로 궁금증을 해결하고, 판매자뿐 아니라 또 다른 소비자들과 소통하며 구매에 직접 참여한다. 다양한 콘셉트와 시나리오로 오락과 정보성까지 갖춘 라이브 커머스라면 좋은 성과를 낼 수 있다.

우리 몸의 일부가 되어 버린 스마트폰

스마트폰은 전화 기능을 넘어 개인 미디어의 역할까지 하게 되었으므로 휴대폰과는 다른 개념이다. 우리나라의 스마트폰의 사용자는 전체 인구의 90%를 차지하며, '스마트폰 방전 증후군(low battery anxiety)'이라는 신조어가 등장할 정도로 스마트폰 중독 사례도 늘고 있다. '스마트폰 방전 증후군'이란, 정식으로 등록된 명칭은 아니지만, 스마트폰의 배터리가 떨어지면 불안해하는 증세를 일컫는 말이다. 나도 스마트폰 충전을 위해 일부러 카페에 들러 음료를 시킨 적이 허다한 걸 보면 공감하는 증세이다. 괜히 중요한 전화나 메시지를 놓칠까 봐 불안하고, 카카오톡 대화가 끊기면 오해를 살까 봐 전전긍긍에, 지금 막 업로드한 인스타그램 사진에 달리는 댓글이 궁금하다. 이에 미래학자 이안 피어슨은 "핸드폰을 충전할 수 없는 상황에 대한 공포심이 점점 커지고 있다."라고 일갈한 바 있다. 아무튼 이렇게 스마트폰은 우리 일상의 깊숙한 곳까지 침투했다.

우리나라 스마트폰 이용량은 일평균 150회, 177분이다. 구체적으로 연령별 스마트폰 사용률 증가 추이를 보면, 20대는 2012년 상반기에, 30대는 2012년 하반기에 이미 90%가 스마트폰으

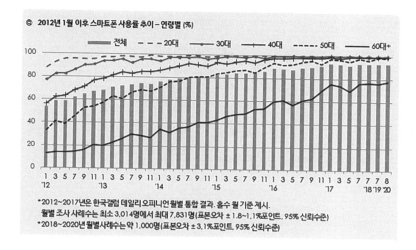

⊚ 2012년 1월 이후 스마트폰 사용률 추이 – 연령별 (%)

전체 - - - 20대 ━•━ 30대 ━+━ 40대 ━•••━ 50대 ━━ 60대+

*2012~2017년은 한국갤럽 데일리오피니언월별 통합 결과. 홀수 월 기준 제시.
월별 조사 사례수는 최소 3,014명에서 최대 7,831명(표본오차 ±1.8~1.1%포인트, 95% 신뢰수준)
*2018~2020년 월별 사례수는 약 1,000명(표본오차 ±3.1%포인트, 95% 신뢰수준)

로 전환했고, 40대는 2013년 상반기에 80%, 2014년 상반기에 90%를 돌파했으며, 50대는 2016년 상반기에 들어 90%를 넘어섰다. 60대 이상의 스마트폰 사용률은 2012년 상반기에 10% 초반에 그쳤으나 2016년 하반기에 70% 선에 도달했다. 이후로는 60대 이상에서의 스마트폰 사용률 증가세가 크게 둔화함에 따라 전체 성인 스마트폰 사용률 역시 몇 년째 90% 초반에 머문다(한국갤럽조사연구소 조사).

나도 스마트폰을 하루에 8시간을 훌쩍 넘게 사용한다. 전화와 카카오톡을 이용한 소통, 자료 검색과 은행 업무, SNS 마케팅 업무를 비롯해 지인 선물도 스마트폰을 이용한다. 이렇게 스마트폰 없이는 생활이 어려운 지금, 라이브 커머스는 모바일 기반의 쇼핑 플랫폼으로 재미를 선사한다. 손안의 작은 스마트폰을 이용해 진행자의 현란한 말솜씨에 재미를 느끼다 보면 어느새 구매 버튼을 누르는 자신을 발견할 것이다. 또한, 제품 판매뿐 아니라 요리나 뜨개질, 메이크업 등 취미를 파는 방송을 보며 콘텐츠 커머스의 소비자가 되기도 한다. 진정성 있는 판매자만 발견하면 방송 알림을 신청해 두고 팬이 되는 것이다.

이러한 세계에 누군가는 적응하고 누군가는 도태한다. 70년 전통의 장난감 회사 '토이저러스'가 대표적인 예이다. 노스캐롤라이나주립대에서 마케팅을 전공한 황지영 교수는 《리테일의 미래》를 통해 '한 치 앞도 볼 수 없이 빠르게 변화하는 시장은 기회인 동시에 불안정하다'라고 경고했다. 미래를 대비할 뿐 아니라 위기에 빠르게 대응하는 것도 당신의 비즈니스를 성장시키기 위해 필요한 일이다. 생물처럼 꿈틀거리는 비즈니스를 대하는 우리의 자세는 마치 서핑을 배우는 것과 같아야 한다. 바다 한가운데에서 파도를 기다리다가 파도가 밀려오면 재빨리 일어서서 균형을 잡고 타야 한다. 나는 처음 서핑을 배울 때, 밀려오는 파도를 타고 일어서기는커녕 바닷속으로 고꾸라지기를 반복했다. 그러다가 힘이 빠질 대로 빠졌을 때 비로소 바닷속에 고꾸라지는 것에 대한 두려움을 버리고 파도에 몸을 맡길 수 있었다. 실패를 두려워하지 않고 파도에 몸을 실었을 때 성공할 수 있었다.

비즈니스에서 변화에 대처하지 못하는 이유는 변화에 대한 두려움과 자신감의 결여 때문이다. 이 책은 단순히 시장 생태계의 변화 속에서 라이브 커머스라는 기회를 소개하는 데에서 그치지 않는다. 이 책을 읽는 많은 사장님께 라이브 커머스 기반 비즈니스를 하는 데 필요한 모든 것을 알려 주고 싶다. 새로운 것이 아니라, 이미 다 갖춰져 있는 라이브 커머스. 우리는 그 변화의 물살에 가뿐히 올라타야 한다.

LIVE

PART
2

라이브 커머스 플랫폼에 대한 이해

라이브 커머스 플랫폼은 거대한 온라인 장터

라이브 커머스 플랫폼은 지금도 계속 생겨나고 있다. 티몬의 '티비온', 그립컴퍼니의 '그립'이 출시되었을 때만 해도 사람들은 라이브 커머스를 생소해했다. 그러나 네이버와 카카오가 라이브 커머스 시장에 뛰어들자 시장은 무섭게 성장했고, 지금은 백화점을 포함한 각종 유통업체와 오픈 마켓이 진출해 그 수가 20여 개에 달한다. 그리고 라이브 커머스 플랫폼은 크게 '홈쇼핑형 플랫폼'과 '개인 라이브형 플랫폼'으로 나눌 수 있다.

홈쇼핑형 플랫폼

기업에서 제품 선정부터 기획과 운영까지 맡아서 하는 형태를, 나는 '홈쇼핑형 플랫폼'으로 정의한다. 판매 상품으로 선정되면, 기획과 홍보, 마케팅, 촬영까지 주최 기업에서 맡아서 해 주므로 그에 상응하는 수수료가 발생한다. 보통 매출의 일정 비율이나 제작 비용에 해당하는 금액을 지불하며, 이미 구매층이 형성되어 있는 플랫폼이므로 좋은 매출을 기대해 볼 수 있다. 카카오의 '카카오 쇼핑라이브'가 대표적이다.

개인 라이브형 플랫폼

플랫폼만 제공하고 판매자가 직접 운영하는 형태이다. 네이버의 '네이버 쇼핑라이브', 그립컴퍼니의 '그립'이 대표적이다. 티몬도 '티몬 셀렉트' 애플리케이션(이하 '앱')을 통해 라이브 커머스 플랫폼을 제공한다(초기 사용료가 있다는 게 차이점이다). 쿠팡 또한 2021년 1월에 개인 라이브형 플랫폼의 베타 서비스를 론칭했다. 판매자가 직접 판매하는 형태와 인플루언서 혹은 모바일 쇼호스트를 고용해 대신 판매해 주는 형태 두 가지로 운영된다.

사실 쇼핑 라이브를 할 수 있는 플랫폼은 다양하다. 플랫폼마다 입점 조건이 다르고, 제품을 소개하는 방식이 다르므로 당신의 제품을 잘 살릴 수 있는 플랫폼을 선택할 수 있어야 한다. 이 장에서는 각 플랫폼의 특성과 시작 방법을 알려 주고자 한다. 거대한 온라인 시장에서 소비자가 당신의 제품에 눈 돌리게 하라. 시장의 특징과 당신의 아이템, 판매 방식에 따른 기대 효과를 예상한다면 승산이 있다.

네이버의 '네이버 쇼핑라이브'

'네이버 쇼핑라이브'는 중소상공인(SME)이 다양한 방법으로 고객과의 접점을 넓혀갈 수 있도록 지원하는 장점이 있다. 단순 플랫폼 제공뿐 아니라, 안정된 방송을 위해 신기술을 접목하고, 실제 소상공인 판매자가 플랫폼을 활용할 수 있도록 '네이버 파트너스퀘어 TV'를 통해 교육을 지원한다. 네이버 쇼핑라이브는 현재, 누적 시청 4,500만 회, 누적 구매 고객 40만 명에 달하며, 플랫폼에 터를 잡은 중소상공인은 이미 매출뿐 아니라 두터운 팬층까지 확보한 상태이다. 판매자의 수가 증가하는 만큼 콘텐츠의 질도 좋다. 실제 방송을 시청하며 시청 수와 판매 전략을 분석해 보니, 일주일에 1회 이상 콘텐츠를 올리는 판매자도 수십 명이었다.

네이버 쇼핑라이브의 운영 형태는 두 가지이다. 담당 부서에서 주제를 정하고, 그에 적합한 판매자를 선정하여 방송을 진행하는 '기획 라이브'와 판매자가 자체적으로 방송을 진행하는 '도전 라이브'이다. '기획 라이브'는 담당 부서에서 '연말 홈파티&선물 특집 라이브', '연말 키즈 특집 라이브' 등의 콘셉트를 정한 뒤 판매자를 모은다. 메인에 예고가 나가고 캘린더에 노출이 되기 때문에 방송 시청 수뿐 아니라 쏠쏠한 매출도 기대할 수 있다. '네이버 쇼핑 파트너 공식 블로그' 내에 '라이브 제안' 코너를 보면 관련 공지를 확인할 수 있다. 자격이 되면 누구나 신청할 수 있지만, 자격을 얻기까지 엄격한 기준이 적용되기 때문에 판매자는 제품력과 기획력, 그동안 진행한 방송의 질이 좋아야 한다. 처음 시작하는 판매자라면 '도전 라이브'를 활용하기를 권한다. 경험과 노하우를 쌓아 고객을 확보해 당당하게 기획전에 제안하자.

카테고리

'기획 라이브'는 패션, 푸드, 라이프, 뷰티, 키즈, 테크, 레저의 카테고리가 있고, '도전 라이브'는 의류, 패션잡화, 홈데코, 헬시&푸드, 맘&키즈, 뷰티, 펫, 테크의 카테고리가 있다. 이 중 가장 판매량이 많은 카테고리는 단연 의류이다. 2020년 12월 기준, 패션 분야는 방송만 2천 개가 넘고 브랜드몰부터 소호몰까지 다양하게 다룬다. 그리고 시청 수가 많은 상점을 보면 정기적으로 꾸준히 방송해 인지도를 높인 경우이다. 월 20~30회 정도 꾸준히 방송을 진행한 판매자는 매출이 10배 가까이 올랐다.

수수료

네이버 쇼핑라이브의 가장 큰 장점은 중소상공인을 위한 플랫폼을 추구한다는 점이다. 그래서 수수료도 매우 낮은 편이다. 기본적으로 쇼핑 연동 수수료 3%에 결제 수단별 수수료가 차등 과금되며, 2021년 1월 기준으로는 최대 6.85% 수준이다.

네이버페이 결제수수료	
결제수단	**수수료**
무통장입금(가상계좌)	1% (최대 275원)
계좌이체	1.65%
신용카드	3.74%
네이버페이 포인트	3.74%
휴대폰 결제	3.85%

+

라이브 매출연동수수료 3%

라이브에 등록된
상품 태그를 통해
상품구매가 이루어지는 경우

네이버 결제 수수료   출처: 네이버 스마트 스토어

몇 달 전 한 생활용품 브랜드의 마케팅 담당자와 라이브 커머스에 대해 이야기 나눈 적이 있다. 그는 자체 쇼핑몰뿐 아니라, 백화점과 홈쇼핑에도 입점한 상태이지만, 가장 매출이 높은 분야는 네이버 쇼핑라이브라고 했다. 백화점과 홈쇼핑보다 수수료가 월등히 낮을 뿐 아니라, 유명 쇼호스트를 섭외하거나 스튜디오를 마련할 필요가 없어서 준비 비용도 적다고 했다. 게다가 기획 라이브를 하게 되면, 종일 방송이 되고 메인에도 소개가 되어 제품 노

출에 효과적이고, 구매까지 이어지는 확률이 타 매체보다 높다고 했다. 이런 소상공인을 위한 플랫폼은 우리에게 희소식이다. 출렁거리는 물살에 조금이라도 빨리 올라탈 것을 권한다.

방송 자격

네이버의 '스마트 스토어' 입점자 중 파워 등급이어야 가능하다(2020년 12월 기준). 파워 등급은 3개월간 매출이 800만 원 이상, 판매 건수가 300건 이상인 판매자를 말하며, 그 위로 빅 파워와 프리미엄, 플래티넘 등급이 있다. 단, 파워 등급일 때 라이브를 진행한 적이 있다면, 추후 등급이 하락하더라도 라이브를 진행할 수 있다. 예를 들어, 11월에 파워 등급이었고 라이브를 진행했다면, 12월에 등급이 하락해도 라이브를 할 수 있다. 그러나 11월에 파워 등급이었음에도 라이브를 하지 않았다면 12월에는 라이브가 불가하다. 또한, 6월 25일 이전 셀렉티브 앱으로 라이브를 진행한 이력이 있는 판매자라면 등급과 무관하게 라이브가 가능하다. 일단 판매자 등급이라는 관문만 통과하면 라이브는 자유다. 방송 판매 불가 상품, 네이버가 정한 제한 요건에만 해당하지 않는다면 말이다. 다음은 네이버 스마트 스토어 등급표이다.

등급표기		필수조건		
등급명	아이콘 노출	판매건수	판매금액	굿서비스
플래티넘		100,000건 이상	100억원 이상	조건 충족
프리미엄		2,000건 이상	6억원 이상	조건 충족
빅파워		500건 이상	4천만 이상	-
파워		300건 이상	800만원 이상	-
새싹	-	100건 이상	200만원 이상	
씨앗	-	100건 미만	200만원 미만	

출처: 네이버 스마트 스토어

쇼핑라이브 시작하기

네이버 쇼핑라이브는 홈페이지 내 쇼핑 라이브 채널 또는 '스마트 스토어' 앱을 통해 시작할 수 있다.

네이버 쇼핑라이브와
스마트 스토어 앱

스마트 스토어 앱을 통해
쇼핑라이브를 예약/시작할 수 있다.

(네이버 쇼핑라이브 따라 하기)

또한, '리허설 기능'과 '라이브' 그리고 '예약'을 지원한다. 다음을 따라 해 보자. 다음은 방송 전 준비 사항이다. 사실 쇼핑라이브뿐 아니라 모든 라이브 준비 사항에 해당한다고 볼 수 있으므로 숙지하자.

방송 준비를 위한 체크 사항

- 방송 전 스튜디오 내의 모든 소리를 무음으로 설정하자. 스마트폰도 모두 무음으로 설정해야 한다.

- 카메라가 될 스마트폰 사용 용량을 체크한다. 적어도 500MB 이상 남아 있어야 라이브 진행이 가능하다. IOS에서는 '설정 → 일반 → 정보 → 사용 가능 공간'을 통해 남은 용량을 확인하고, 안드로이드에서는 '설정 → 디바이스 → 저장 공간'을 통해 확인한다.

- 네트워크를 확인한다. 유선 연결이 가장 안전하지만, Wi-Fi나 LTE 환경에서도 가능하므로 확인해야 한다. 특히 인터넷 속도에 따라 화질에 차이가 있을 수 있으니 인터넷 환경을 체크하는 건 필수다.

- 스마트폰은 '방해 금지 모드'로 설정하자. 라이브 도중 전화가 오면 방송이 중단되는 불상사가 발생한다. 비행기 모드로 전환해도 좋다.

- 재난 문자를 차단한다. 재난 문자도 전화로 인식되어 라이브가 중단될 수 있다. IOS에서는 '설정 → 알림'의 하단에서 해지할 수 있고, 안드로이드에서는 '메시지 → 설정'에서 해지할 수 있다.

- '필터 설정'으로 화면을 돋보이게 하고, '카메라 좌우 반전 설정'을 통해 화면으로 글자가 반전되어 보이지 않도록 한다.

① 시청자의 눈길을 끄는 매력적인 제목으로 수정한다.
② 상품의 특성을 가장 잘 드러내는 사진을 등록한다.
③ 소개 상품을 스마트 스토어와 연동한다(대표 상품 3개 포함 최대 20개).
④ 리허설 기능을 통해 방송 전 송출 상태를 점검한다.
⑤ 라이브 모드에서 '시작'을 눌러 라이브를 진행한다.
⑥ 방송 제품과 방송 시간을 예약한다.
⑦ 상품을 돋보이게 하는 필터를 설정한다.
⑧ 예약해 둔 제품과 시간을 확인한다.
⑨ 공유하기, 방송 URL, 마이크 사용, 카메라 좌우 반전을 설정한다.

출처 : 네이버 쇼핑라이브 앱

방송 예약하기

방송 시작 전에 방송 예약을 통해 URL을 홍보해야 초기 시청자를 많이 확보할 수 있다. 네이버 쇼핑라이브는 기본적으로 네이버 스마트 스토어와 연결되어 있으므로, 스마트 스토어에 선보일 상품이 반드시 등록되어 있어야 한다. 대표 상품 3개를 포함하여 최대 20개를 등록할 수 있으니 활용하자. 첫 화면에서 '예약' 탭을 눌러 제목을 정하고, 제품 사진과 예약 시간을 설정한 다음, 스마트 스토어에서 상품을 골라 연동하면 된다. 예약 설정이 끝났으면 '예약 목록'에서 해당 방송의 방송 예약 URL을 복사해서 홍보용으로 사용한다.

예약 첫 화면   URL을 연동한다.

출처 : 네이버 쇼핑라이브 앱

예약 설정 팁

- 사진은 상품의 특징과 장점을 최대한 드러낼 수 있는 것으로 고른다. 음식이라면 먹음직스러운 사진을, 라이프와 테크 분야라면 고급스러운 이미지를 부각하는 사진을 고른다.

- 제목은 소개하는 상품이 잘 드러나도록 직관적으로 쓴다. 다음 예를 보자.

  ① 크리스마스 연말 홈파티 최강 아이템 핫 세일!
  ② 손질 꽃게로 만드는 특별한 홈 파티, 집구석 미슐랭 가이드

  문구 ①은 끌리는 제목이지만, 어떤 상품을 소개할지 드러나지 않는다. 끌리는 문구이기 전에 판매할 상품이 먼저 나와야 구매를 원하는 시청자의 클릭수가 증가하므로 문구 ②가 좋다.

- 브랜드 제품이라면 브랜드명을 앞에 명시한다. "○○과 함께하는 미식 여행", "○○○으로 미리 준비하는 설 선물"처럼 브랜드명을 앞에 쓰면, 무엇을 파는 방송인지 한 번에 알 수 있다.

- 판매할 상품을 등록한다. 3개의 상품은 상위에 고정할 수 있고, 그 외 모든 상품은 예약 설정 탭에서 특가로 설정할 수 있다. 할인 혜택은 '라이브 중에만 할인', '라이브가 끝난 후 1시간', '라이브 당일 자정까지' 중 하나로 선택할 수 있다. 특가는 시청자의 관심을 끌 수 있는 요소이므로 소소하게라도 진행하는 게 좋다.

리허설하기

　리허설은 말 그대로 리허설이므로 방송이 송출되거나, 시청자들에게 알림 메시지가 가지 않는다. 리허설을 통해 방송 송출 상태와 카메라 각도, 음향, 네트워크 상태 등을 확인하자. 리허설로 진행한 방송은 우측 하단의 ⋯ 탭을 클릭한 다음 URL을 복사해 다른 모바일 기기로 확인하면 된다. 물론, 리허설 방송이라 하더라도 제목과 대표 이미지, 상품을 등록해야 시작할 수 있으므로 숙고해서 고르자.

라이브 시작하기

　방송 준비를 마쳤다면 이제 본격적으로 라이브를 시작할 단계이다. 예약을 설정해 두었다면 알림 시간에 맞추어 시작 메시지가 뜬다. 이때, 주의할 점은 방송 예약을 설정해 두었더라도, 반드시 '라이브 시작' 버튼을 눌러야 한다는 것이다. 그래야 해당 URL을 통해 방송이 송출된다. 방송 시작과 끝을 정리하자면 다음과 같다.

예약 목록에서 라이브 시작 버튼을 눌러야 설정된 URL에서 라이브가 송출된다.

출처 : 네이버 쇼핑라이브 앱

상품 등록

방송을 예약하지 않고 진행한다면 '라이브' 탭에 제목과 대표 이미지, 상품 등록을 하고 바로 진행한다.

소식받기 알림 전송

라이브 예고가 외부로 노출되며, 방송 전 나의 스마트 스토어 소식받기를 신청한 고객들에게 알림 메시지가 전송된다. 소식받기 알림 전송 메시지가 뜨면 '예'를 클릭한다.

리허설하기

방송 시작 전 리허설 기능을 통해 카메라의 위치와 음향, 네트워크 상태를 확인하자. 앞서 이야기한 '방송 준비를 위한 체크 사항'을 적용한다.

채팅 관리자 등록하기

라이브 커머스는 고객과 소통하는 방송이다. 진행자가 채팅창을 보며 바로바로 궁금증을 해결하면 좋지만, 그럴 수 없을 때를 대비해 채팅 관리자를 따로 두어야 한다. 보다 소통을 수월하게 할 수 있으며, 방송 전 우측 상단 '설정' 탭을 통해 관리자의 네이버 아이디를 등록하면 된다.

설정 탭에서 채팅 관리자의 네이버 아이디를 등록한다.

채팅 공지 등록하기

시청자에게 알릴 공지 사항을 채팅창에 등록한다. 채팅 관리자의 글은 특정 색으로 표시되며, 주요 내용은 공지로 등록해 중간에 들어온 시청자도 쉽게 이해할 수 있도록 한다.

라이브 종료하기

라이브가 끝나면 인사를 하고 1~2초 후에 '종료하기' 탭을 눌러 종료한다. 주의할 점은 '저장하기'를 눌러야 방송을 다시 볼 수 있다는 것이다. 방송이 저장되기까지 꽤 오랜 시간이 걸리므로, 약 두 시간 후 확인하면 진행한 방송을 볼 수 있다. '나의 라이브 목록 보기' 탭을 누르면 된다.

방송 성과 확인하기

　종료된 방송은 통계 리포트를 통해 성과를 확인할 수 있다. 단, 방송 중에만 집계되는 통계이므로, 방송이 종료된 후의 누적 시청자나 이를 통한 스마트 스토어 유입과 매출 확인은 불가하다. 그래도 방송을 삭제하지 않는 한, 방송이 계속 송출되어 나의 스마트 스토어가 노출될 기회가 늘어나므로 그대로 두는 게 좋다. 방송 통계를 통해 성과를 가늠해 보고, 이를 활용해 다음 방송을 기획할 수 있다. 자세한 내용은 PART 3에서 다루도록 한다.

지난 방송에 대한 통계 리포트를 확인할 수 있다.

방송 통계 리포트

그립컴퍼니의 '그립'

그립은 '누구나 팔 수 있다(everyone can sell)'를 슬로건으로 한 라이브 커머스 플랫폼이다. 나도 이곳에서 처음으로 라이브 커머스를 진행했다. 아무것도 준비하지 못한 상태에서 가장 쉽게 접근할 수 있는 플랫폼이었기 때문이다. 물론, 그때는 주변에 아무리 홍보를 해도 '그립'을 아는 이도 적었고, 링크를 보내도 앱을 설치해야 볼 수 있어서 홍보도 쉽지 않았다. 그러나 지금은 다르다. 유통 시장에서 라이브 커머스가 대세인 지금, 그립의 지위는 상당히 높다. 실제로 그립은 창사 2주년 만에 누적 거래액 240억 원을 돌파했으며, '그리퍼'라 불리는 전문 방송 진행자와의 매칭 서비스 이용은 3,500만 건을 넘었다.

'그립'은 그들의 슬로건처럼 진입장벽이 전혀 없어서 누구든 상품과 서비스를 팔 수 있다. 사실 오프라인 판매에 익숙한 소상공인들이 네이버의 스마트 스토어에 입점해 파워 등급이 되기까지는 쉬운 일이 아니다. 그러나 그립은 입점 승인만 받으면 누구나 스마트폰으로 라이브를 할 수 있으며, 실제로 코로나19로 매출이 준 소상공인들이 그립을 통해 매출을 10배 이상 늘렸다는 이야기도 심심치 않게 들려온다.

그립이 타 플랫폼과 다른 점은 20~30대 여성이 타깃이라는 것이다. B급 감성에 열광하고, 건강과 가성비를 중요시하는 그들의 특성을 잘 안다면, 홈쇼핑처럼 제대로 갖추어진 스튜디오와 쇼호스트를 등장시키는 것보다는 있는 그대로의 날것을 보여 주는 것이 더 효과적이라는 사실을 알 것이다. 그립에는 말도 안 되지만 재미있는 영상을 종종 노출하며 팬층을 확보하는 판매자도 있고, 매일 새벽 항구로 나가 배가 들어오는 영상을 찍어 갓 잡은 수산물을 보여 주고, 판매까지 하는 판매자도 있다. 모두 전문 방송인이 아니므로, 장시간 카메라가 땅만 비추거나 상인들의 대화가 그대로 노출되기도 하고, 정리되지 않는 현실적인 주방이 드러난다거나, 아이가 엄마를 부르고 강아지가 짖는 돌발 상황이 생기기도 한다. 하지만 시청자들은 이러한 방송 사고에 전혀 개의치 않는다. 현실적이고 자연스러운 모습에 공감하기 때문이다.

인간적인 매력도 넘친다. 새벽 6시에 카메라를 켜고 시청자들과 활발히 소통하며 액세서리를 파는 판매자가 있는데, 그는 액세서리를 판다기보다 자신의 경영 노하우나 사업을 하며 힘들었던 점 등을 이야기하며 젊은 여성 시청자와 소통하는 편에 가깝다. 즉, 그립에서는 가격 경쟁도 중요하지만, 진정성 있는 모습을 꾸준히 노출해 팬덤을 형성하는 게 좋다. 물론, 네이버나 카카오보다 이용자가 적어 초반 시청자 수를 보면 실망스러울 수 있지만,

고객과의 소통과 자신만의 콘텐츠로 꾸준히 방송하면 단골을 확보할 수 있다.

　그럽의 또 다른 특징은 그리퍼라 부르는 전문 판매 방송인이 있다는 것이다. 직접 판매도 할 수 있지만, 그리퍼에게 판매를 의뢰하면 또 다른 수익을 기대할 수 있다. 유명 방송인을 비롯해 인플루언서 그리퍼를 포함하면 약 2,400명 정도가 활동하고 있다. 현재 10만이 넘는 팔로워를 확보한 개그맨 유상무 씨는 방송당 평균 시청 수가 10만이 훌쩍 넘고, 식품과 액세서리, 애견 간식 등 다양한 제품을 판매하고 있다. 거기에 아내 김연지 씨의 입담도 시청자를 사로잡는 데 일조한다. 나도 유상무 씨의 그럽 방송을 종종 보는데, 생기 넘치는 장터에 와서 신나게 한 판 놀고 온 기분이었다.

　그러나 담당자가 제품에 잘 어울리는 그리퍼를 선정해 매칭해 주는 형식이기 때문에 마음에 드는 그리퍼를 고를 수는 없고, 제품에 어울리는 그리퍼가 없을 땐 방송이 진행되지 않을 수도 있다. 그리퍼의 방송 수수료는 5~15% 정도이며, 그리퍼의 팔로워 수에 따라 차등 적용된다. 그리퍼 판매 신청은 '판매자 센터 → 방송 관리 → 그리퍼 방송 요청'을 통해서 할 수 있다.

카테고리

그립의 카테고리는 개성이 강하고 상세하다. 20~30대 여성의 취향이 고스란히 반영되어 있기 때문이다. 구체적으로는 '소호몰, 신인, 육아헬퍼, 스타일, 뷰티꿀팁, 알쓸신템, 먹방쿡방, 산지체험, 셀럽, 백화점, 쇼룸, 랜선관람, 헬스테라피, 휴가사용법, 취미클래스, 멍냥이, 해외TV'로 구성되어 있으며, 카테고리 명뿐 아니라 분류 방법도 다른 플랫폼과는 다르다. 특히 '랜선관람' 카테고리에는 저자와의 북 토크뿐 아니라 마술 공연, 음악 공연 등 코로나19로 앞당겨진 비대면 생활로 인한 셀러들의 취향이 드러난 콘텐츠가 가득하다. 이런 콘텐츠는 커머스의 목적을 넘어 다양한 콘텐츠를 선보이고 후원 개념으로 2,000원가량의 소액을 결제하는 형태를 취하며 수준이 꽤 높다. '휴가사용법' 카테고리도 휴가와 걸맞은 제품과 음식을 판매하는 그리퍼도 있지만, 여행지의 멋진 풍경을 보여 주며 소통을 목적으로 하는 그리퍼도 많다. 그립은 이처럼 커머스만이 아닌, 다양한 콘텐츠를 선보일 수 있는 콘텐츠 커머스 플랫폼이 형성되어 있으며, 많은 그리퍼가 이에 도전하고 있다.

수수료

그립은 입점 수수료와 상품 등록 수수료가 없으며, 2021년 1월 1일 기준, 결제 수수료를 포함한 기본 판매 수수료는 9%, 라이브나 VOD를 통한 방송 판매 수수료는 12%이다. 이는 기본 판매 수수료에 방송 판매 수수료 3%가 추가된 금액이므로, 방송 중 발생하는 매출에서 12%를 수수료라고 생각하면 된다. 여기에 그리퍼 서비스를 이용하면 그리퍼에게 제공되는 수수료 5~15%가 추가로 부과되어 최대 27%의 수수료가 발생한다.

그립 라이브 시작하기

그립 라이브도 간편하게 시작할 수 있다. 가장 먼저 할 일은 모바일로 '그립' 앱을 다운로드하고, 입점을 신청해 승인을 받는 것이다. 승인은 대략 이틀 정도 소요되며, 입점 승인을 받은 다음에는 PC로 '그립 판매자 센터'를 방문해 기본 정보와 상품을 등록한 후 방송하면 된다.

'판매자 센터(http://seller.grip.show)'에 판매자 정보를 등록하면 상품과 방송, 쿠폰, 리뷰 관리 등 판매 전반의 사항을 관리할 수 있으며, 판매자 센터 매뉴얼은 입점이 승인되면 등록한 메일로 발송되므로 꼼꼼히 확인한 후, 판매자 정보를 기입하면 된다. 기본 정보와 사업자등록증, 통신판매업 신고증, 대표자의 신분증 사본, 대표자 명의의 통장 사본이 필요하며, 그 외에 판매 상품에 따른 필요 서류를 제출하면 된다. 그다음은 앱에 프로필을 등록한다. 상점명과 판매하는 상품, 서비스의 특성이 잘 드러나는 닉네임을 설정하고, 시청자들에게 소개할 글을 직관적이고 설득력 있게 작성한다. 방송할 상품이 PC 판매자 센터에 등록되었다면 라이브를 예고할 수 있다. 방송 일정을 입력하고 예고 문구와 대표 이미지를 설정하면 완료이다. '홈 → LIVE 예고'를 설정하면 방송 알림이 된다.

방송하기

그립의 '방송하기'에는 테스트, 녹화, 라이브 세 가지 기능이 있다. 무엇을 하든 앞서 설명한 '방송 준비를 위한 체크 사항'을 숙지하자. 특히 모바일 사용 가능 용량 확인과 네트워크 상태 확인, 방해 금지 모드 설정은 필수이다. 그립의 방송 시작과 끝은 다음과 같다.

테스트

방송 전 이미지 등록과 제목을 입력하고 방송 송출 상태를 테스트할 수 있다. 5분 후 방송이 자동 종료되며 저장되지 않는다. 이때 체크해야 할 부분은 카메라의 각도와 화면에 잡히는 공간, 송출 확인 그리고 소음이다. 바깥의 바람 소리나 자동차 소리가 조금만 들려도 시청자에게는 매우 거슬리는 잡음으로 들릴 수 있으므로 유의하길 바란다.

녹화 방송

라이브가 익숙하지 않다면 녹화 후 방송을 송출하는 방법도 있다. 방송은 비공개로 녹화되어 VOD로 저장되며, 노출을 원할 때 '공개'로 전환하면 방송이 송출된다. 하지만 실시간으로 소통하는 것이 라이브 커머스의 매력이라는 것을 잊지 말자. 녹화는 방송에 익숙해지기 위해 활용할 수 있는 수단일 뿐이다. 실시간 시청자와 소통하는 게 중요하다.

라이브

라이브는 테스트 5분 후 버튼만 누르면 바로 시작되므로, 테스트가 끝나면 바로 카메라의 방향과 필터를 설정하자. 주의할 점은 셀프카메라 모드로 하면 거울처럼 좌우가 반전되어 글자 장식이 있거나 상품의 좌우를 비교하며 보여줘야 할 경우 문제가 생길 수 있다는 것이다. 반드시 좌우 반전 효과를 설정해야 한다. 또한, 제품을 더 화사하게 보이게 하기 위해 필터도 쓸 수 있니 활용하자.

　방송 전에 PC의 판매자 센터에 방송할 상품을 연동해 두고, 쿠폰도 설정해 두는 것도 좋다. 쿠폰은 채팅에 적극적으로 참여해 주는 시청자를 위해 이벤트성으로 발행하면 참여율이 높아진다. 그리고 공지사항에 방송 안내 멘트와 이벤트를 등록하면 방송 중 자막으로 정보를 띄울 수도 있어 편리하다. 또한, 그립은 시청자들의 적극적인 참여를 유도하기 위한 다양한 게임 툴이 제공된다. 메시지 입력란의 + 버튼을 누르면, 선착순이나 경매, 추첨, OX 퀴즈, 초성 퀴즈, 주사위 게임 같은 게임을 즐길 수 있다. 진행자가 간단한 클릭만으로 유용하게 사용할 수 있는 기능이다.

카메라 좌우 반전을 설정하고 필터 옵션을 선택하자.

상품 등록 시 주의점

상품 등록에서 가장 중요한 것은 시청자의 시선을 끄는 사진이다. 상품 등록에 사용한 사진은 방송의 커버 역할을 하므로, 커버 사진은 반드시 상품의 특성이 최대한 잘 드러나고 한눈에 판매 상품을 알 수 있도록 직관적인 것이 좋다. 상품 등록 사진을 판매 구성이나 시나리오만큼 신경을 써 보자. 방문자 수에서 확연한 차이가 날 것이다.

카카오의 '카카오 쇼핑라이브'

카카오의 '카카오 쇼핑라이브'는 2020년 5월 베타 버전을 출시한 뒤, 누적 횟수가 이미 1,000만 건을 넘어섰으며(2020년 12월 20일 기준), 베타 버전 때는 일주일에 한두 개의 방송이 올라왔다면, 정식 버전 출시 이후에는 하루에 한두 개의 방송이 적극적으로 올라오고 있다. 물론, 하루에 수백 개의 방송이 등록되는 네이버의 쇼핑라이브에 비하면 1/3도 안 되는 수준이지만, 네이버가 소상공인을 위한 플랫폼이라면 카카오는 검증된 제품을 선보인다는 목적이 강하므로 당연한 현상이다. 즉, 믿고 구매할 수 있는 제품을 선보이는 게 '카카오 쇼핑라이브'의 특징이다.

카카오 쇼핑라이브는 제품 선정부터 쇼호스트, 촬영 공간 등 콘텐츠 전반을 카카오가 기획해 진행하며, 2020년 12월 기준으로 약 80개의 방송이 등록되었고, 평균 시청 수는 10만 건이 넘는다. 상암동 월드컵 경기장의 최대 수용 인원이 6만 6,704명인데에 비교하면 이보다 더 많은 인원이 실시간으로 라이브를 시청한 셈이다. 또한, 카카오 쇼핑라이브는 별도의 채팅창이 아닌 카카오톡을 이용해 채팅할 수 있다는 게 장점이다. 라이브 커머스이지만 홈쇼핑과 유사한 성격을 띠며, 시청자는 따로 앱을 깔 필요 없이 카카오톡 내의 '쇼핑하기'에서 라이브를 시청하고, 카카오톡으로 소통하고, 연동된 카카오페이로 결제하면 되므로 매우 편리하다. 수수료는 비공개이다. 카카오가 기획부터 운영, 마케팅까지 진행하므로 수수료가 높지 않을까 싶다.

방송 자격

그렇다면 어떻게 카카오 쇼핑라이브에 입점할 수 있을까? 아직 제품 선정 기준이 공개된 바는 없지만, 국민 브랜드는 아니어도 신뢰성을 기반으로 브랜딩이 잘 된 제품이라면 제안해 볼 법하다고 느껴진다. 일대일 문의나 담당자 메일을 통해 문을 두드려 보자. 카카오 메이커스나 카카오의 선물하기 코너에서 인기가 많았던 제품이라면 유리할 수 있다. 또한, 아직까지는 정해진 제안 양식이 없으므로 입점 시 혜택을 분명히 언급하고 트렌드에 잘 맞는 콘셉트로 아이디어를 제안하면 승산이 있을 것이다. 현재 카카오 쇼핑라이브에 등록된 제품을 보면 '패션, 전자제품, 뷰티, 식품, 키즈, 생활용품' 등이다. 이름만 들어도 알 만한 브랜드가 대부분이지만, 구성이 새롭다. '삼립과 호찜이의 맛있는 연말', '풀무원 홈파티 세트', '닥터자르트 세라마이딘 럭키 박스' 등이 눈에 띈다.

카카오 쇼핑라이브는 다소 입점이 엄격하고 제품 선정과 콘셉트에 통제성을 갖고 운영되고 있는 것은 분명하다. 네이버와는 확실히 다른 노선이다.

티몬의 '티몬 셀렉트'

티몬은 국내 최초로 라이브 커머스를 도입한 소셜커머스 업체이다. 처음에는 '티비온'라는 이름으로 홈쇼핑형 라이브를 하다가, 2020년 5월 '티몬 셀렉트'를 론칭해 개인 판매자도 자유롭게 방송을 송출할 수 있도록 했다. 입점 제안 후 MD와 판매 조건을 협의하고 방송 시간을 편성받으면 된다. 입점이 결정되면 판매자는 상품을 보내고, 전문 기획자와 스태프가 진행하는 시스템이다. 티몬은 사용자만 1,100만 명에 달하는 우리나라 오픈마켓 5위의 업체이다. 광고비 없이 광고할 수 있는 절호의 기회일 수 있다.

수수료

네이버와 그립에 매출에 대한 수수료가 있다면, 티몬 셀렉트에는 소정의 입점 수수료가 있다. 전문 PD와 스태프가 기획과 방송 송출까지 책임지므로 여타 방송국과 비슷한 수준으로 보면 된다. 티몬 셀렉트는 한 시간 방송이며, 소비자가 보기에도 적당한 시간대이다. 타 플랫폼과 달리 입점 수수료를 지불하는 만큼, 철저하고 세밀하게 준비해 수수료 이상의 매출을 올릴 수 있도록 노력해야 한다. 아무 기반 없이 하는 것보다 기존 티몬 사용자에게 자동으로 홍보가 되는 장점을 생각하며 높은 매출을 기대해 보아도 좋다.

PART
3

라이브 커머스
시작하기

기획은 디자인이다

누가 볼 것인가? 타깃 분석하기

이번 장에서는 내 상품을 필요로 하는 사람을 공략하기 위한 타깃 분석 방법을 살펴본다. 방송을 기획하는 데 가장 중요한 것이 타깃 분석이다. 내 제품을 선보일 이가 여성인지 남성인지, 직장인인지 주부인지, 20대인지 40대인지를 명확히 하자. 그들이 원하는 것, 불편해하는 것을 찾아내면 방송 시간과 콘셉트 잡기가 쉬워진다.

밤 11시에 밥에 젓갈을 올려 먹음직스럽게 먹는 방송을 한다면? 새벽 6시에 요가 동작을 가르쳐 주며 단백질 보충제를 판매한다면? 금요일 저녁 6시에 채팅창을 통해 대화하며 간단하게 할 수 있는 요리를 선보인다면? 누가 이 방송을 볼 것인가. 그러나 시청 대상을 명확하게 안다면 누구도 보지 않을 것 같은 시간대에도 시청자가 들끓는다.

일단, 밤 11시에 젓갈 먹방은 아이와 남편이 잠들고 혼자만의 시간을 갖는 주부들이 본다. 주부는 보통 식구들이 잠든 늦은 시간에 쉬며 블로그를 통해 요리 정보를 얻기도 하고, 쇼핑 방송을 보며 식재료를 구입하기도 한다. 아마 젓갈 방송을 보고 구매 버튼을 누른 주부는 한동안 반찬 걱정은 없다고 생각할 것이다. 새벽 6시 요가 방송은 20~30대 직장인이 본다. 자기 관리에 철저한 밀레니얼 세대는 이른 새벽도 매우 알차게 이용한다. 이들은 일어나자마자 요가 방송을 보며 간단한 스트레칭으로 몸을 깨우고, 아침 대용으로 가능한 단백질 파우더를 구입한다. 금요일 저녁 6시 요리 방송의 타깃은 1인 가구이다. 혼자 밥을 먹으며 쇼핑 라이브를 즐기는 이들은 실시간 채팅을 하며 혼자 밥을 먹는 게 아니라는 생각으로 위로받는다. 이렇게 타깃을 명확히 하고 그들의 불편한 점을 해결해 주면 자연스럽게 구매까지 이어진다. 타깃은 성별, 연령, 지역, 직업으로 설정한 뒤 관심사를 추가하면 범위를 좁힐 수 있다. 타깃에 따라 방송 시간대, 방송의 콘셉트와 제품의 구성을 달리해야 하며, 타깃을 잘 공략해야 구매 전환율을 높이고 단골을 확보할 수 있다.

쇼핑 라이브는 7~10시 사이가 황금 시간대인만큼, 가장 인기가 많은 방송이 노출된다. 그리고 그 말은 반대로 내 제품이 가려질 수도 있다는 말이다. 틀에 짜인 구성에서 벗어나면 얼마든지 개성 있는 방송이 가능하니, 타깃을 명확히 하자. 구입하지 않을 모두에게 제품이 보여 주기보다 내 제품을 선호할 몇몇 사람에게 어필하는 게 낫다.

사장의 리얼 팁!

시청자 수와 매출은 비례하지 않아요. 방송 중 시청자가 많았던 방송이 두 번 있었습니다. 한 번은 평일 저녁 8시였고, 한 번은 네이버 쇼핑라이브 캘린더에 소개까지 된 방송이었지요. 황금 시간대와 플랫폼의 힘으로 시청자가 아주 많았습니다. 그러나 매출은 기대에 미치지 못했어요. 일반적으로 진행했던 방송의 절반 정도였죠.

당신의 주요 고객이 당신의 제품을 들여다보는 시간을 분석해서, 그 시간을 노리세요. 시청자는 적어도 매출은 기대 이상일 수도 있고, 매출은 적어도 확실한 브랜드 홍보 효과를 누릴 수 있습니다.

빅데이터를 이용한 타깃 분석

네이버의 빅데이터 플랫폼 '데이터랩'을 활용하자. 데이터랩은 네이버의 검색 트렌드와 급상승 검색어 이력, 쇼핑 카테고리별 검색 트렌드를 제공한다. 예를 들어, 낙지젓을 판매한다면 먼저 낙지젓을 주로 구매하는 연령을 알아야 한다. 네이버의 데이터랩에 접속해 '쇼핑 인사이트 → 분야 → 기간'을 클릭하자. 원하는 기간 내의 네이버에 낙지젓을 검색한 클릭 횟수를 볼 수 있다. 성별과 연령 등 인구통계학적 자료 분석도 가능하다.

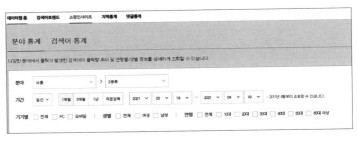

네이버 데이터랩 쇼핑 인사이트

아래 표를 보면 낙지젓은 30~40대 여성이 가장 많이 검색했다. 30~40대 여성이 젓갈을 찾는 이유는 간편한 반찬으로 제격이기 때문일 것이다. 직장 여성이나 주부로 타깃을 정하면 판매율을 높일 수 있다.

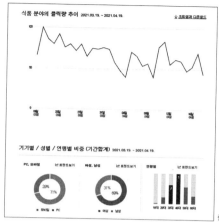

    그다음 볼 것은 30~40대 주부가 모바일 쇼핑을 이용하는 평균 시간대이다. 예를 들어 보면 11번가의 구매율이 가장 높은 시간은 11시이다. 일과를 마치고 누워서 비교적 여유 있는 시간을 보낼 때이다. 여기에 전월 대비 온라인 쇼핑 거래액은 5.8%, 모바일 쇼핑 거래액은 21.9%가 증가했다는 통계청의 자료를 활용하면 방송 시간대를 정할 수 있다. 또한, 같은 상품군의 홈쇼핑 방송이나 다른 쇼핑 라이브의 방송 시간대를 분석하는 것도 좋은 데이터를 얻을 수 있다.

    다음은 시간대에 따른 주요 판매 품목과 대상 고객이다. 표를 분석하자면, 새벽에는 일찍 일어나고 비교적 시간의 여유가 있는 중·장년층을 대상으로 한 상품 구성이 유리하므로 건강식품이나 등산용품, 골프 용품의 수요가 높다. 오전 10시부터는 주부들의 시간이다. 키즈 용품이나 식품류, 간식류, 집밥 대용식의 수요가 많다. 저녁 7~10시까지는 하루 중 방송이 가장 많고 시청자도 많은 프라임 타임이다. 직장인이 퇴근 후 여유를 부리는 시간이기도 하다. 이 시간대는 전 제품군의 시청률이 높고, 특히 전자기기의 수요도 높다. 오후 11시 이후에는 하루를 마무리하고 잠자리에 누워서 스마트폰을 보는 사람이 많으므로 뷰티와 잡화, 야식류가 인기이다.

시간대	대상 고객	주요 판매 품목
오전(6~8시)	중·장년층	건강식품, 등산·골프 용품
오전(10~1시)	주부	유아·키즈 용품, 식품, 건강 보조제
저녁(7시~10시)	직장인, 1인 가구	식품, 테크, 생활용품, 패션, 뷰티 등(전 제품군의 시청률이 높다)
심야(11시~1시)	20~30대, 주부, 1인 가구	뷰티, 잡화, 식품
일요일 오후	직장인	테크, 생활용품, 여행 상품

이렇게 방송 시간대를 정했으면 타깃 고객에 대해 분석하자. '고객이 원하는 것은 무엇인지, 고객의 불편함은 무엇인지, 해결하고자 하는 것은 무엇인지' 고민하고 콘텐츠를 구성해야 한다. 이를 해결하기 위해서는 타 사이트의 구매 후기를 참고하면 좋다.

봐야 할 것은 낮은 평점을 준 고객들의 후기이다. 그들의 후기를 분석해서 불편함은 무엇이고 해결책은 무엇인지 알아내 콘텐츠를 구성하자. 30~40대 워킹맘이 밤에 젓갈 판매 방송을 보는 이유는 사실 오락보다는 실구매를 목적일 확률이 높다. 그러므로 제품에 대한 정보와 장점, 군침이 절로 돌 정도로 맛을 표현하면 구매로 이어질 확률이 높다. 여기에 비슷한 연령대의 진행자나 요리에 신뢰감을 주는 패널이 나오면 더욱 공감할 것이다.

타깃 고객의 취향을 알고 공감과 구매 전환율을 높이기 위해 가상 인물을 설정해서 탐구하는 것을 마케팅에서는 '페르소나'라고 한다. '가면'을 의미하는 심리학적 용어로, 실제로 육아와 일에 지친 30~40대 워킹맘을 가상의 인물로 만들어 주변 사람들의 인터뷰 등으로 그녀의 불편한 점을 알아내는 것도 방법이다.

타깃 고객의 취향 알기

타깃 고객의 취향은 키워드 검색을 통해 분석할 수 있다. 다음은 키워드를 분석할 수 있는 사이트이다.

네이버 비즈니스(https://business.naver.com/service.html)

네이버 하단 '비즈니스·광고 → 검색 광고 → 회원 가입 후 로그인 → 광고 시스템 → 도구' 탭에서 키워드를 검색하면, 키워드별 검색량 조회가 가능하다. 이 키워드를 방송 제목에 넣거나, 구성 상품 설정에 사용하면 유용하다.

아이템스카우트(https://www.itemscout.io)

키워드 분석 카테고리에서 원하는 키워드를 검색하면 동일 키워드 제품의 총판매량뿐 아니라 6개월간 매출과 경쟁 지표, 광고 효율 지표 등이 나와 있어서 다양하게 활용할 수 있다.

블랙키위(https://blackkiwi.net/ie/index.html)

키워드 분석 사이트이다. 별도의 회원가입 없이 사용할 수 있으며 통계 자료가 세분되어 있다. 검색량과 콘텐츠 발행량, 연관 키워드 검색량뿐 아니라, 월별 검색 비율, 요일별 검색 비율, 연령별, 성별, 이슈성·정보성 통계 자료까지 볼 수 있다. 자료를 모두 PDF 파일로 받을 수 있는 점이 매력이다.

키워드 검색을 통한 분석은 타깃에 맞는 제품을 구성하는 데 도움이 된다. 판매 제품을 구성할 때, 검색량이 많은 제품을 메인으로 하고, 검색량이 다소 낮은 제품을 함께 구성하자. 아무리 좋은 제품이어도 소비자가 찾지 않는 제품은 외면받을 수밖에 없다. 타깃을 정하고 경쟁 요소를 설정했다면, 트렌드 분석을 통해 타깃을 조금 더 세밀히 분석하자. 트렌드는 다음 사이트를 통해 분석할 수 있다.

티타임즈(http://www.ttimes.co.kr)

이슈를 간추려 카드 뉴스 타입으로 제공하는 사이트이다. 국내뿐 아니라 해외 마케팅 자료가 많아서 활용도가 높다.

나스미디어(https://www.nasmedia.co.kr/)

미디어 트렌드와 이슈를 분석하는 리포트를 정기 발행하는 사이트이다.

통계청 (http://kostat.go.kr/portal/korea/index.action)

국가 통계 포털 사이트로 각종 통계 자료를 공개한다.

ODpia(https://www.odpia.org/jsp/about/aboutODPia.jsp)

소셜 미디어에서 언급되는 주제별 단어들을 라이프 스타일에 맞추어 측정한 데이터를 제공한다.

빅데이터 사이트를 통해 타깃 고객을 선정하고 방송을 기획하자. 그들의 취향을 알고 그들을 위한 방송을 한다면, 시청자 수 대비 구매 전환율을 확실히 높일 수 있을 뿐만 아니라, 내 제품의 팬도 만들 수 있으니 참고하길 바란다.

방송 모니터링으로 전략 짜기

더 나은 방송을 위해서는 반드시 지난 영상을 보며 분석해야 한다. 매끄럽지 않은 부분, 실수한 부분을 개선해 나가면 어느새 당신도 전문가 못지않은 쇼호스트와 기획자 역할을 해낼 수 있다. 방송 후 판매 분석, 전체 방송 VOD 다시보기 그리고 다른 방송의 진행 방법을 수시로 보자.

방송을 끝내고 나면 아쉬움이 남기 마련이다. 하지만, 괜찮다. 회를 거듭할수록 분명히 방송은 원활해지고, 시청자가 늘 것이다. 나는 첫 방송 후 모니터링을 하다가 알게 된 사실이 있다. 시청자의 눈을 사로잡기 위해 정성스럽게 만든 피켓을 방송 시작 때 딱 한 번만 보여 주었다는 것이다. 그리고 시청자의 질문에 답변을 못한 것도 많았다. 상품을 소개하고, 음식을 하고, 맛보느라 정신이 없었다. 질문에 대답을 못 받은 시청자는 얼마나 답답했을까.

그래서 다음 방송부터는 적절한 타이밍에 피켓을 들어 상품 구성을 한 번씩 더 노출하고, 여분의 스마트폰을 옆에 두고 시청자의 질문에 그때그때 답해 주었다. 그런데 두 번째 방송 모니터링에서 또 다시 문제점이 발견되었다. 이번에는 너무 먹는 데에 치중한 것이다. 게다가 요리를 시연하다 보니 테이블이 난장판이었다. 영상을 확인하고 리뷰를 읽으며 그때그때 치우고 재료를 깔끔하게 둘 공간이 필요하다는 걸 알았다.

세 번째 방송부터는 조금 더 판매에 집중했다. 이전 방송은 정보 제공에 집중했다면, 이제 조금은 낯간지럽지만 "이번 주말에 사서 멋지게 상을 차려 보세요.", "어른들은 매운맛을 선호하니까 매운맛을 추천합니다. 만약 어린이가 있다면 순한 맛으로 추천해요.", "오늘 구입하면 주말에 푸짐하게 드실 수 있어요!"라는 멘트를 했다. 진행자라면 당연히 해야 할 말이다. 적극적인 판매 마인드는 매출로 드러났다. 이렇게 방송을 거듭할수록 이전 방송을 모니터링하고, 타 방송과 비교하며 개선해 나가야 발전할 수 있다.

네이버 쇼핑라이브 통계 분석 활용하기

　네이버 쇼핑라이브는 방송 후 VOD가 저장되어 누적 시청이 가능하고, 통계를 확인할 수 있는 장점이 있다. 특히 방송 중 시청자 수, 댓글 수, 동시 접속자 수 등의 데이터를 확보할 수 있고, 누적 시청자 수의 추이를 통해 정확히 어느 지점에 시청자가 많이 유입되었는지를 분석할 수 있다. 시청자의 성별과 연령, 유입 경로를 확인할 수 있는 것도 유용하며, 스마트 스토어 통계를 통해 방송 후 사이트의 트래픽이 얼마나 발생했는지 확인도 할 수 있다. 이렇게 모은 통계 자료는 다음 방송을 기획할 때 귀한 자료가 된다. 네이버를 통해 알 수 있는 통계는 다음과 같다.

댓글 참여자 수

　위의 표를 보면 유입 인원에 비해 댓글 참여자가 적은 편이다.
　이럴 때는 '최다 댓글 작성자' 혹은 '아이템으로 삼행시 짓기' 등의 이벤트나 시청자가 쉽게 대답할 수 있는 질문을 통해 댓글을 유도하는 것도 방법이다. 채팅창의 댓글이 중요한 이유는 사람들이 줄 서서 기다리는 가게에 들어선 것 같은 느낌을 주기 위해서이다. 시청자가 너무 적으면 지인이라도 동원해서 댓글로 응원을 부탁하자.

시청자 유입 비율

시청자는 지나가다 우연히 들른 사람보다 메시지 알림 URL을 통해 온 경우가 훨씬 많다. 라이브 알림이 중요한 이유이다. 이런 경우는 대부분 구매 이력이 있는 고객이거나, 지인을 통해 받은 메시지로 미리 신청해 두고 들어온 경우이다. 그러나 시청률을 높이기 위해서는 방송 30분 전 정도에 활동하는 커뮤니티나 밴드, 카페, 단체 메신저에 링크를 한 번 더 보내 두는 게 좋다. 알림을 신청했더라도 날짜와 시간을 잊고 있는 사람도 많기 때문이다.

라이브 커머스를 통한 구매 전환율은 약 5~10%이다. 구매 전환율을 더 높이기 위해서는 타깃 고객이 많은 시간대를 찾거나, 나만의 콘텐츠로 성지를 만들기 위한 노력이 필요하다.

누적 댓글 수

누적 댓글 수는 초반에 늘려야 한다. 초반에 댓글 수를 늘려 가게 안을 시끌벅적하게 만들고, 그렇게 누적된 댓글을 잘 관리해야 이탈률이 줄어든다. 새로 입장하는 사람이나 댓글을 다는 사람의 닉네임을 하나하나 부르며 성심을 다하면 이탈률도 적고, 새로 들어온 사람도 붙잡아 두는 효과가 있다. 채팅 관리자를 두는 것도 방법이다. 진행자가 놓치는 부분이 있으면 사인을 주거나, 중요한 알림 사항을 공지사항으로 띄워 줄 수도 있다.

주문 통계

방송 중 주문량보다 방송이 끝난 후 주문량이 높은 경우도 많다. 방송 때 망설이다가 방송이 끝난 후 주문을 하거나, 방송을 놓치고 늦게라도 주문하는 고객이다. 그래서 나는 방송하는 날 자정까지는 방송과 같은 혜택으로 판매하는 편이다. 방송을 놓쳤더라도 동일한 혜택을 받을 기회를 주고, 구매하지 못한 사람에게는 다음 방송을 기다리게 하는 효과가 있다. 물론, 방송 중에만 혜택을 주는 마케팅을 할 수도 있다. 각자의 데이터를 토대로 설정하면 된다.

SNS 홍보 분석하기

방송 전후에는 반드시 방송 사진을 담아 SNS에 공개하자. 블로그도 좋고 인스타그램이나 페이스북도 좋다. 아직까지는 라이브 커머스에 익숙하지 않은 사람이 더 많다. 이들은 방송을 통해 판매한다는 것 자체를 대단한 성과처럼 생각하고 응원해 준다. 이렇게 쉬운지 모르고 말이다. SNS로 판매 성공 소식을 접한 사람들은 사이트를 한 번이라도 방문하게 되어 있다. 그래서 라이브 방송을 한 날의 트래픽은 평소보다 2~3배 많고, 매출도 2배가량 높다. 트래픽이 증가하면 눈에 잘 띄고, SNS를 통해 방송 성과를 본 이들은 좋은 기회를 놓친 것만 같아 사이트를 방문하는 선순환이 이어질 것이다. 반드시 방송 중 찍은 사진이나 판매 실적을 홍보 마케팅으로 사용하자.

거듭 말하지만, 방송 후 전체 리뷰는 다음 방송에 큰 영향을 미친다. 통계 분석뿐 아니라 방송을 여러 번 모니터링해 놓친 부분을 체크하고 개선하자. 그래야 방송의 질이 좋아지고, 시대와 시류에 따른 타깃층의 변화를 감지할 수 있다. 타깃이 바뀌면 아이템 구성과 판매 포인트가 달라지는 법이다. 이러한 과정을 객관적으로 분석해 전략을 세우자.

고객의 마음을 움직이는 스토리 만들기

트로트 가수 임영웅 씨가 부른 '어느 60대 노부부의 이야기'를 듣다 보면 나도 모르게 눈물이 나고 가슴이 먹먹해진다. 그냥 노래를 담백하게 잘 부른다고 생각했는데, 일찍 아버지를 여의고 어머니와 힘겹게 살아온 스토리를 알고 나자, 담담하게 부르는 그의 노래가 '괜찮아. 힘내. 별일 없어.'라는 메시지로 들렸다. 가사한 소절 한 소절이 와닿았다. 아마 사람들의 가슴을 뜨겁게 만든 이유는 그만이 전할 수 있는 메시지가 있기 때문일 것이다. 제품도 이처럼 스토리텔링이 있어야 한다. 상품의 가격과 품질에 대한 백 마디 설명보다 마음을 울리는 한 구절의 스토리가 판매에 효과적이다. 물론, 일부러 스토리를 짜낼 수는 없다. 가장 좋은 스토리는 고객이 익숙해하는 것에 '공감'하고, 고객에게 '영감'을 주는 것이다.

가치를 전하는 스토리 파워

거래처 중에 여수의 산 중턱에서 청국장을 만드는 부부가 계신다. 원래 사장님은 일식 요리사였고, 사모님은 시내에서 화장품 매장을 운영하셨는데, 사장님께서 갑자기 큰 병이 드는 바람에 시

골로 내려가 식생활을 바꾸셨다고 한다. 유기농 채식을 위해 텃밭에서 직접 기른 채소만 드셨고, 장도 직접 담가 드셨을 뿐 아니라, 된장과 청국장은 국산콩으로 재래식만 고수하셨다. 그리고 아침에는 꼭 요구르트에 직접 만든 청국장 가루를 섞어 드셨다. 그렇게 철저하게 자연식 식생활을 고수한 결과 사장님의 병은 완치가 되었다. 이후 사장님은 본인의 제품 판매뿐 아니라, 장내 유익균의 중요성을 알리는 건강 프로그램에도 종종 출연하시고, 재래식으로 장 담그는 법을 전파하며 주변 농가 교육에도 힘쓰고 계신다. 이처럼 스토리는 단순히 상품을 팔기 위한 전략이 아니라 판매자의 가치가 담겨 있어야 한다. 위의 사장님은 지금도 식생활의 중요성과 가치가 그대로 담긴 제품을 판매하신다.

'향기로 세상을 아름답게 하다'라는 슬로건으로 아로마 제품을 판매하는 사장님도 계신다. 그녀는 제품에 자신의 가치를 담기 위해 영국에서 수입한 좋은 재료로 제품을 만들고 있다. 그리고 소비자들은 그녀가 만든 제품을 온전히 신뢰한다.

라이브 커머스도 마케팅의 수단일 뿐, 본질은 상품 판매이다. 판매자의 가치가 담기지 않으면, 한시적 흐름을 타는 판매 방식이 될 뿐이다.

브랜드 스토리 만드는 방법

상품의 스토리는 어떻게 만들 것인가? 다음 세 가지를 고민해 보자. 첫째, 제품의 특징과 장점을 생각해 본다. 제품 자체로 스토리를 만드는 것이다. 둘째, 제품을 만든 사람의 가치나 이념을 생각한다. 셋째, 만든 회사의 철학이나 기업 이념을 생각한다. 이러한 소스를 통해 제품에 스토리텔링을 가미하는 것이다.

구체적으로 살펴보자면, 일단 제품의 장점과 특징을 최대한 많이 나열해 보자. 제품의 소재가 다루기 힘든 소재라거나, 제조가 까다롭다거나, 재료를 수입하는 게 쉽지 않은 제품이라면 그 자체를 스토리로 만들 수 있다. 생산자에게는 당연한 어려움이 소비자에게는 신뢰할 만한 사실이 되기도 한다. 나는 반 건조 우럭을 판매하기 위해 제품을 소싱하러 태안에 간 적이 있다. 한겨울이었는데, 사장님과 배를 타고 가두리 양식장에 가서 우럭을 잡아 올리고, 손으로 하나하나 손질하는 과정을 경험했다. 고생이 이만저만이 아니었다. 게다가 바닷물을 끌어다가 정화한 물로 핏기 하나 없이 우럭을 헹구는 작업은 너무 고되었다. 새벽에 시작한 작업은 오후 4시가 되어 겨우 끝났고, 이 과정을 전부 담아 블로그와 SNS에 올렸다. 그런데 소비자들이 반응하기 시작했다. 집에서 편하게 먹는 반 건조 우럭이 이렇게 힘든 과정을 거쳐 탄생한다는 것이 믿기지 않았을 것이다. 그렇게 사장님의 당연한 일상은 소비자에게 신뢰를 주었고, 묵묵히 제품을 생산하는 것에 대한 가치가 소비자에게 전달되었다.

제품이 탄생하기까지의 에피소드가 스토리가 된 사례도 있다. 30년 동안 일궈온 노가리 공장이 2019년 4월 4일 강원도 산불로 잿더미가 되어 모두가 망연자실했을 법한 상황에서 탄생한 스토리이자 와디즈 클라우드 펀딩 사이트에서 1,279%로 펀딩에 성공한 '노가리스틱'이다.

아버지의 노가리 공장이 잿더미가 되자 딸은 아버지의 일생을 바쳐온 공장을 되살리기 위해 와디즈 펀딩에 아버지의 이야기를 담아 펀딩을 신청했다. '산불 속에서 살아남은 기적의 노가리스틱'이라는 수식어로 말이다. 그냥 맛있는 노가리가 아니라 기적을 전하는 노가리라는 응원 메시지를 담아 고객에게 다가가니, 고객들의 마음이 움직였다. 실제로 이후 앵콜 펀딩으로 이어져 1,001%의 쾌거를 이루기까지 했다.

제품에 장점과 특징이 없다면 제품을 만든 사람에게 눈 돌리자. 장인 정신이 깃든 제품이라면 더할 나위 없이 좋다. 장인 정신이란 '한 가지 기술에 통달할 만큼 오랫동안 전념하고 작은 부분까지 심

혈을 기울이고자 노력하는 정신'이라 정의되어 있다. 하나의 기술을 10년 이상 해 왔다는 건 단순히 물건을 만드는 게 아니라 예술을 하는 거라 말하고 싶다. 말콤 글래드웰의 《아웃라이어》에 '1만 시간의 법칙'이라는 말이 나온다. 1만 시간을 투자했을 때 우리의 뇌는 비로소 최적의 상태가 되며, 하루에 세 시간씩 10년의 세월을 투자하면 비로소 장인이 된다는 것이다. 만약 제품을 만드는 이에게 우여곡절과 업을 지키기 위한 고난의 시간, 업을 통해 얻은 가치가 있다면 강력한 스토리가 될 수 있다. 그 예로 스타트업 창업가의 스토리를 들 수 있다. 어릴 적 형편이 어려워 모텔에서 먹고 자며 모텔 아르바이트를 한 청년이 있다. 그는 '모텔 종사자 모임'이라는 카페를 개설한 뒤, 숙박 플랫폼 '야놀자'를 만들었다. 바로 이수진 대표의 일화이다. 또한, 네이버에서 사진과 동영상 앱 '스노우(SNOW)'의 마케팅을 담당하다가 회사 동료들과 라이브 커머스 앱 '그립'을 만든 이한나 대표의 이야기도 좋은 스토리이다. 사람에 초점을 두어 판매할 제품의 가치를 찾고, 신념과 신념을 지키기 위해 포기한 것들의 소스를 모아 강한 메시지를 만들면 좋다.

마지막으로 회사의 철학이 스토리가 될 수 있다. 착한 기업으로 알려진 '탐스'는 제품을 살 때마다 제3국의 아이들에게 신발 한 켤레가 기부되는 '원 포 원(One for One)'의 모델로 유명하다.

탐스의 철학이 소비자들에게 소비보다 더 큰 가치를 준 것이다. 확고한 브랜드 철학과 이를 실천하는 모습은 구매를 넘어 브랜드의 팬을 만들기에 충분하다.

다음은 인간 중심의 경영 철학으로 잘 알려진 스타벅스의 CEO 하워드 슐츠가 한 말이다. 단순한 매출만을 높이고자 함이 아니라 기업이 추구하는 방향이 소비자에게 제공되는 가치와 연결된다면 큰 영향을 줄 수 있음을 시사한다.

"스타벅스가
새로 만들어낸 것은 아무것도 없다.
하지만 스타벅스는 완벽한 경험을
고객에게 제공한다.

즉, 커피를 제공하는 것이 아니라
커피를 통해 고객에게 만족할 만한 경험을,
기억을 주는 공간이 되는 것이다."

-하워드 슐츠-

앞서 말한 반 건조 우럭은 짜다는 평이 유독 많아 사장님께 연락을 드린 적이 있다. 내 말에 직접 맛을 본 사장님은 그때 작업한 우럭에 소금이 많이 뿌려졌다는 것을 인정하고 전량 폐기하셨다. 해당 우럭은 재고도 많아서 손실이 이만저만이 아니었지만, 사장님은 새로 작업해 불만이 없는 제품을 다시 만드셨다. 사장님의 이런 판단과 결정이 제품에 확신을 준다.

만약 당신이라면 큰 손해를 무릅쓰고 회사의 철학과 맞지 않는다는 이유로 판매를 포기할 수 있을까? 당장 코앞만 보면 손해지만, 길게 보면 기업과 브랜드의 가치를 만드는 일이 된다. 회사의 신념을 지키기 위해 과감한 손해를 결정하는 일은 결국 고객의 신뢰를 얻고, 기억에 남는 기업이 될 것이다.

물론, 이런 스토리를 급박하게 진행되는 쇼핑 라이브에서 이야기하기는 힘들다. 지루해지기 때문이다. 그러므로 방송에서는 짧게 언급하고, 자세한 스토리는 상세 페이지나 블로그, 홍보물에 싣자. 소비자는 스토리로 인해 당신의 팬이 되기도 하고, 당신 기업의 팬이 될 수도 있다. 당신은 스토리로 고객에게 믿음과 신념을 주어야 한다.

"신념을 가진 한 명은
관심만 있는 아흔아홉 명보다 힘이 세다."

-존 스튜어트 밀-

손님 끌어모으기

당신은 방송 날짜를 잡고, 쇼호스트를 섭외하고, 콘셉트도 정했다. 방송 경력도 있고 리허설도 몇 번 해 보았다. 이제 방송 시간만 기다리면 될까?

네이버 쇼핑라이브를 예로 들어 보자. 네이버 쇼핑라이브는 앞서 소개한 대로 폭발적으로 성장한 케이스이다. 그러나 대부분의 시청은 네이버의 쇼핑라이브 메인에 소개되는 기획전에 치중해 있다. 여러분이 할 라이브는? 아마 기획전이 아니라, '도전 라이브' 일 것이다. 그러면 카카오 쇼핑라이브에 입점하면 될까? 카카오 쇼핑라이브도 평균 시청률이 굉장히 높다. 그러나 내부 심사를 통과해야 하는 넘사벽 관문이 존재한다. 그렇다면 당신은 어떻게 도전해야 할까? 우선 네이버, 그립, 쿠팡, 티몬 등 개인 방송이 가능한 플랫폼에서 유독 시청률이 높은 판매자의 공통점을 살펴보자.

방송을 예고하는 법

방송 전 할 일은 딱 하나이다. 내 제품을 알리는 것! 팔 제품이 아무리 우수하고, 다른 데서는 구할 수 없고, 가격이 저렴해도 고객이 모르면 허사이다. 알려라. 이미 내 제품을 믿고 사는 고객층이 있다면 그들에게만 알려도 충분하다. 그렇지 않다면? 다음과 같은 방법으로 알리고 나를 믿고 구입하는 팬을 만들자.

홍보용 카드 뉴스

지인에게 알리기

밴드나 인터넷 카페, 단체 메신저 등 마케팅 관련 커뮤니티에 가입해 방송을 알리자. 이때, 방송 알림을 신청할 수 있는 URL을 반드시 첨부해야 한다. 아직 라이브 커머스에 대해 잘 모르는 사람이 더 많다. 특히 타깃이 40대 이상이라면 반드시 URL을 첨부해 클릭 한 번으로 방문할 수 있도록 안내해야 한다. 또한, URL을 타고 들어와서 방송 알림을 신청했다고 해도 다른 일을 하다 놓치는 경우가 허다하므로, 방송 직전 또는 적어도 30분 전에는 한 번 더 URL을 알려야 한다. 시청자가 많아야 지나가는 사람도 들어와서 한 번 더 본다. 고정 고객이 생기기 전까지는 지인을 적극적으로 활용해서 내 방송을 시끌벅적하게 만들자.

SNS 활용하기

100명의 고객이 있을 때와 천 명의 고객이 있을 때의 매출은 다르다. 라이브 커머스의 구매 전환율은 약 5~10%로, 100명일 때 5명이 샀다면 천 명일 때는 50명이 사는 셈이다. 좋은 제품을 할인에 이벤트 상품까지 곁들여 매력적인 홍보물을 만들고, SNS에 홍보하자. 인스타그램에 게시물을 홍보하려면 비즈니스 계정에 등록해야 한다. 현재 일반 계정을 사용한다면, 이를 비즈니스 계정으로 전환하거나, 비즈니스용 새 계정을 만들도록 하자.

중요한 것은 내 제품의 타깃 고객을 선정하는 일이다. 인스타그램이나 페이스북 홍보를 위해서 지역과 성별, 주요 고객의 연령대를 선정하고 노출 범위와 홍보 일수를 조절하면 홍보비를 맞출 수 있다. 하루 6,000원 정도의 홍보비면 부담 없이 노출할 수 있다.

인스타그램 비즈니스 계정 만들기 팁

인스타그램의 개인 계정을 비즈니스 계정으로 전환하거나 새 비즈니스 계정을 만들면 홍보와 제품 판매가 가능하다. 우선, 인스타그램의 개인 계정에서 오른쪽 상단 탭을 눌러 '설정 → 계정 → 새로운 프로페셔널 계정 추가'를 선택해 필요 사항을 기재하자. 쉽게 새 비즈니스 계정에 가입하거나 전환할 수 있다. 개인 계정과 같은 아이디 사용이 가능하다. 또한, 페이스북을 이용한다면 페이스북과도 연동하자. 페이스북 페이지에 등록한 상품을 인스타그램에도 노출할 수 있다. 마지막으로 프로필을 완성하면 완료.

고객 혜택 준비하기

어떤 매체를 통해 들어오든 방송을 보는 시청자에게 실망감을 주어서는 안 된다. 화려한 홍보에 기대를 안고 방송 알림 신청까지 해서 들어왔는데, 제품의 사양이나 구성, 가격이 기대에 미치지 못한다면 그들은 다시 오지 않는 손님이 된다. 과장된 홍보는 손님에게 실망감을 주는 요인이 될 수 있음을 명심하자. 할인이나 쿠폰 혜택이라면 단돈 100원이어도 괜찮다. 적은 돈이라도 방송을 통한 혜택을 제공해야 고객들이 기분 좋게 제품을 장바구니에 담는다. 방송 중 깜짝 이벤트도 좋다. 재미도 있고, 구매 혜택이 파격적이라면 시청자는 다음 방송을 기다릴 것이다. 처음 온 고객을 만족시키는 데에 정성을 쏟아야 한다.

팬 관리하는 법

팬덤 형성하기

SNS를 이용한다면 내 팬이 아니라 내 제품의 팬을 만들어야한다. SNS 속 인플루언서의 모습은 정말 화려하고 멋지다. 그들이판매하는 물건은 금방 품절이 되고는 한다. 이는 SNS로 보이는그들의 삶을 동경하는 데에서 시작한다. 같이 육아하고 살림하는나와 다를 바 없는 인플루언서라도, 얼핏 보이는 멋진 인테리어,멋진 차를 보며 소유욕이 자극되는 것이다. 그리고 그들처럼 멋진차나 멋진 인테리어 용품을 살 수는 없지만, 그들이 쓰는 화장품이나 액세서리 정도는 살 수 있다. 즉, 인플루언서가 사용하는 제품을 사는 이유는 동질감을 느끼고 싶어서이다. 이를 심리학 용어로 '동일시에 의한 대리만족'이라고 한다. 그래서 인플루언서들은소비자에게 자신이 사용하는 제품을 믿고 구매할 수 있도록 자신을 마케팅한다.

그러나 우리는 당장에 인플루언서가 될 수도 없고 그런 집과차도 없다! 다른 방법을 통해 팬을 만들어야 한다. 성실한 모습과내가 파는 제품에 대한 진정성을 보이자. 매일 제품을 만들고 작업하고 성분 하나하나를 소개하며, 더 좋은 제품을 생산하기 위해 노력하는 모습을 보여 주면 분명히 팔로워가 하나둘 늘어날 것이다.

'고물보물 안나'라는 인기 유튜버가 있다. 고물상인 젊고 아름다운 여성이다. 여성으로서 하기 힘든 일을 하는 동안의 우여곡절을 있는 그대로 보여 주는 콘텐츠로 그녀의 구독자는 4만 명이 넘는다. 성실하게 사는 모습에 공감하고 힘을 얻는 시청자가 있는가 하면, 고물을 팔겠다고 직접 전화까지 주시는 시청자도 계시다고 한다. 성실한 모습에 팬이 된 사람들은 힘을 얻으며 응원을 아끼지 않고 그녀를 신뢰한다. 이렇게 내 제품의 팬을 만든다는 것은 결국 나를 보여줌으로써 내 제품에 대한 신뢰를 쌓는 것이다. 이런 모습을 SNS에 올리자. 이렇게 모인 팔로워들은 언제든지 내 라이브를 시청하고 응원할 것이다. 내 삶을 들여다보는 팬을 만들다 보면 자연스럽게 내 제품에 대한 팬이 형성된다.

방송 시간 정하기
라이브를 TV의 정규 프로그램처럼 편성해 보자. 매주 수요일 오후 2시, 매일 새벽 6시처럼 정기적으로 말이다. 이렇게 하면 시청자들에게 인지시키기 쉽고, 입소문도 빨리 난다. 비교해 보자.

"야. 거기 물건 괜찮더라. 라방에서 판대."

"언제 해?"

"수요일이랑 목요일 밤 10시에 방송하면서 판매해."

"야. 거기 물건 괜찮더라, 라방에서 판대."

"언제 해?"

"그건 알 수가 없어. 복불복이야."

첫 번째 친구는 일정을 정확히 알게 되었으므로 시간을 맞춰 놓고 방송을 시청하겠지만, 두 번째 친구는 방송을 보고 싶어도 볼 수 없을 확률이 높다. 나도 얼마 전 그립 라이브에서 마음에 드는 가방을 발견했는데, 망설이는 사이 못 산 경험이 있다. 그래서 다시 방송을 찾아 판매 사이트로 가 보니 이미 가방의 가격은 정상가로 돌아가 버렸고, 판매자는 "제가 또 언제 방송할지 몰라요. 내일 11시에 한다고는 했는데, 지금 너무 늦게 끝나서 내일 할 수 없을지도 모르겠어요."라고 했다. 판매자를 팔로우까지 해 두고 수시로 방송을 찾아보아도 매번 허탕이었다. 그리고 결국 다음 방송은 없었다. 이는 방송을 기다리는 자에게 아쉬움이 남는 동시에 판매자는 여러 명의 고객을 놓친 것과 같다. 내가 그 가방을 사서 마음에 들었더라면 여러 명에게 소문을 냈을 테니 말이다. 사실 입소문만큼 강력한 건 없다. 만들어진 광고에 사람들의 추천을 더하면 신뢰할 수밖에 없다. 그러므로 우리는 방송을 일정한 패턴으로 송출해 고객이 예측할 수 있게 해야 한다.

지나가다 어쩌다 보게 된 방송이 아닌, 매번 새로운 물건을 기대하며 기다리는 방송이 되어야 한다. 시간과 날짜를 일정하게 정해 놓고 고객이 알아서 찾아오는 시스템을 만들어 보자. 고객에게 잊히지 않기 위한 노력은 우리의 몫이다. 위와 같은 방법으로 꾸준히 회사와 제품을 알리다 보면 '브랜드'가 되는 것이다. 수시로 내 제품과 내 브랜드를 노출하자.

02

콘텐츠에는 제약이 없다

　최고의 콘텐츠란, 상품을 가장 돋보이게 하는 콘텐츠이다. 한 시간 남짓의 방송에서 주인공은 오로지 상품뿐이다. 식품이나 화장품이 될 수도 있고, 금융 상품 같은 서비스가 상품이 될 수도 있다. 오프닝도 갖가지이다. 건어물을 판매한다면 새벽에 가게 문을 열면서 시작해도 되고, 골프웨어를 판매한다면 풍광이 좋은 골프장에서 멋지게 샷을 날리며 시작해도 된다. 문제는 카메라에 대한 두려움이다. 카메라 앞에 서면 말을 잘해야 할 것 같고, 정리된 모습을 보여줘야 할 것 같다. 맞는 말이다. 많은 사람이 지켜보는 방송에서 창피당하는 일은 누구도 겪고 싶지 않을 것이다. 그러나 라이브 커머스의 시청자들은 정리되지 않은 진짜 모습을 좋아한다. 생산자의 장인 정신과 진정성을 느끼고 열광하는 게 라이브 커머스의 시청자임을 잊지 말자.

라이브 커머스의 콘텐츠를 두 가지로 나누어 설명하고자 한다. 하나는 홈쇼핑처럼 상품에 집중하는 '판매형 라이브 커머스'이고, 하나는 상품을 이용해 콘텐츠를 만들고 그 결과를 파는 '콘텐츠형 라이브 커머스'이다. 판매형 라이브 커머스는 한 번의 방송으로 최대의 매출을 내는 데에 목적이 있으며, 정보 전달에 충실한 면이 있다. 그래서 콘텐츠를 꾸준히 보여 주고 팬층을 형성해야 하는 분야라면 맞지 않을 수 있다. 그러나 라이브 커머스는 누구나 진입이 가능하고 방송법 규제나 방송 포맷, 장소 등에 대한 제약이 없다는 장점이 있다. 방송의 형태를 보고, 당신의 상품에 날개를 달아 줄 유형을 고민해 보자.

판매형 라이브 커머스

판매형 라이브 커머스는 말 그대로 판매를 목적으로 하는 방송을 말한다. 대부분의 라이브 커머스가 여기에 해당하며, 잘 구성된 상품에 진행자의 입담과 시연이라는 화려한 금가루를 입혀 시청자들의 이목을 사로잡는다. 지금 40대 이상 연령대의 소비자라면 집에 홈쇼핑으로 대량 구매해 다 쓰지 못한 마스크팩 한두 장은 있을 것이다. 아마 채널을 돌리다가 파격적인 혜택과 할인율에 채널을 고정했다가, 쇼호스트의 화려한 입담과 지금 사지 않으면 기회가 오지 않을 것 같아 구매했으리라. 이처럼 판매형 라이브 커머스는 홈쇼핑과 비슷한 구성으로 보통 한 시간 전후로 방송하며, 중간에 시청자가 이탈하지 않도록 이벤트나 퀴즈, 다양한 오락적 요소를 가미하고, 실시간 채팅창에 달리는 질문과 요구사항에 응대하며 진행한다.

콘텐츠형 라이브 커머스

'스토리형 라이브 커머스'라고도 한다. 제품 홍보뿐 아니라, 제품을 이용한 콘텐츠와 그 결과를 판매하는 방식이다. 판매형 라이브 커머스에서도 제품의 착용이나 사용법을 보여 주지만, 콘텐츠형 라이브 커머스는 이보다 조금 더 콘텐츠에 집중한다. 몇 해 전, 아이템 구상을 위해 크루즈 여행을 한 적이 있다. 그때 범상치 않은 한 무리의 젊은 대만 사람들이 있었는데, 모두 촬영 장비를 가지고 다니면서 크루즈 여행을 홍보하기 바빴다. 알고 보니 대만의 왕홍들이었다. 그들은 신나게 레스토랑과 바, 수영장을 즐기는 모습을 보여 주었다. 그리고 그들의 방송 하단에는 상품 판매 창이 연결되어 있었다. 이것이 바로 콘텐츠와 커머스가 합쳐진 형태의 '콘텐츠형 라이브 커머스'이다.

만약 조리 도구를 판매한다면, 콘텐츠형 라이브 커머스에서는 해당 조리 도구를 사용해서 만들 수 있는 다양한 요리를 시연하고 요리법을 소개할 것이다. 이미 미국에서는 '토크 숍라이브(TalkShopLive)'나 'NTWRK' 같은 앱뿐 아니라 아마존도 스토리텔링을 위주로 한 콘텐츠 커머스에 관심을 보이고 있다. 미용사가 머리 손질과 모발 관리법을 알려 주고 샴푸와 에센스, 가발 등 모발 관리 제품을 팔기도 하고, 기타 치는 법을 가르치며 기타를 파는 판매자도 있다. 우리나라도 쇼핑 라이브나 그립을 통해 콘텐츠를 파는 판매자가 늘어나는 추세이다. 단순한 패션 인플루언서를 넘어 패션 정보를 제공하고 스타일링 제안과 믹스매치를 소개하는 판매자, 마치 동네 뜨개질 공방과 같은 분위기로 뜨개질 방법을 알려 주고 뜨개실과 바늘을 판매하는 판매자, 랜선 공연을 통해 팬을 확보하는 판매자 등 다양하다. 이렇게 모은 단골과 팬은 단순한 매출을 넘어 사업 확장에 도움이 될 것이다.

팀 페리스는 《타이탄의 도구들》에서 '성공은 복잡할 필요가 없다. 그냥 천 명의 사람을 지극히 행복하게 만들어 주는 것에서 시작된다'라고 했다. 라이브 커머스를 통해 콘텐츠를 정기적으로 보여 주면 매출과 함께 천 명의 팬 만들기 두 마리 토끼를 잡는 것을 기대할 만하겠다.

콘텐츠형 라이브 커머스는 판매보다 정보 제공과 소통에 더 중점을 두기 때문에 충성도 높은 고객을 확보할 수 있다는 장점이 있다. 확실히 채팅창도 판매자와 시청자 사이에 친근하고 사적인 이야기가 가득하다. 그러나 콘텐츠 라이브 커머스로 큰 매출을 기대해서는 안 된다. 매출은 시청자가 공감하고 구독하고, 다음 방송을 기다리는 과정의 반복을 통해 일어난다. 이런 팬이 천 명을 넘어 만 명이 되었을 때나 기대하는 수익을 올릴 수 있을 것이다.

자, 그렇다면 당신의 제품과 서비스는 어떻게 선보일 것인가? 판매형 라이브 커머스가 효과적인가, 콘텐츠형 라이브 커머스가 효과적인가? 다음 내용을 바탕으로 고민해 보자.

사장의 리얼 팁!

잘 알려진 브랜드 제품이라면 한 번의 방송으로 매출을 올릴 수 있는 '판매형 라이브 커머스'가 적합합니다. 네이버의 쇼핑라이브 기획전에 선정되었다면 조금 더 전략적이고 공격적인 판매를 선보여야지요. 전문 쇼호스트나 제작사를 통해 방송을 기획하는 것도 좋습니다. 아직 알려지지 않은 브랜드라면 '그립'이나 네이버의 '도전 라이브'에서 꾸준히 방송하시길 바랍니다. 여러분의 브랜드가 알려지고 구매자들의 만족도가 높아지다 보면 자연스럽게 충성 고객이 생길 거예요.

본격! 라이브 진행하기

라이브를 통해 시청자에게 알려야 하는 내용은 '제품 구성 및 구입 시 혜택, 제품의 특징과 장점, 제품의 활용법' 세 가지이다. 시청자가 내 방송에 머무르는 시간은 평균 15초이다. 알림 신청을 통해 들어온 시청자는 이미 제품과 브랜드에 관심이 있어서 그보다 오래 머물지만, 화면을 좌우로 넘기면 쉽게 다른 방송으로 넘어가는 시스템에서 시청자를 붙잡는 건 우리의 숙제이다. 시청자를 붙잡고 싶다면 매력적인 판매 포인트를 잡아 수시로 알려야 한다. 그렇다면 이 세 가지 내용을 담은 콘텐츠를 어떻게 전개해야 할까? 방송의 흐름에 따라 구체적으로 살펴보자.

라이브 커머스 진행 과정

환영하기

방송에 들어온 시청자들이 환영받는 기분이 들도록 하자. 밝은 음성과 환한 표정으로 내 매장에 방문한 손님을 맞이하듯 닉네임을 부르며 맞이하는 것이다. 그다음은 오프닝 멘트와 첫인사이다. 오프닝 멘트는 흥미를 끌 만한 화제로 시작하고, 인사는 30초를 넘기지 말자. 인사가 길어지면 들어왔다가 그냥 나가는 시청자가 생긴다. 최대한 짧고 호기심을 끌 만한 멘트로 제품과 진행자를 간단히 소개한다.

"매일 밀키트나 배달 음식 지겨우시죠? 진짜 집밥이 그리울 때 먹을 수 있는 간단하지만 거창한 제품을 소개해 드리려고 합니다."

"여러분, 저 또 왔어요. 지난번 준비한 물량이 완판되어서 재방송 문의하시는 분이 많아서 다시 왔습니다."

"여러분! 주물 팬 어떻게 사용하는지 아세요? 알면 마법의 주방 도구, 모르면 그냥 돌덩이가 되어 버리는 것이 주물 팬입니다. 주물 팬 200% 활용법! 오늘 방송을 통해 죄다 알려드릴게요."

상품 개요 알리기

판매할 제품의 구성과 방송 중 구입 시 주어지는 혜택, 사은품 등의 상품 개요를 알리자. 방송 중간에 입장하는 시청자가 많으니 중간중간 수시로 언급하는 것도 중요하다. 그리고 이벤트가 있다면, 이벤트가 있음을 한 번씩 이야기해 시청자가 기대감을 갖고 끝까지 머물 수 있도록 하는 것도 좋다.

"오늘 꽁게 하나로 이국적인 요리를 보여드리려고 합니다. 집 밖 활동이 어려운 요즘, 매일 먹는 똑같은 밥이 지루하시죠? 다 갖추어진 밀키트도 조금 식상해졌거나 손맛이 그리운 분들은 집중하세요. 손질 꽁게 하나로 싱가포르, 태국, 이탈리아 요리부터 한국인의 입맛을 책임질 한국 요리까지! 거기에 초 간단 요리법을 소개해 드릴게요. 아. 그리고 방송 중 구입하시는 분에 한해서 요리를 더욱 간편하게 해드릴 비법 소스를 제공해 드립니다. 그리고 또 있어요. 방송 중 퀴즈에 맞추시는 분께 커피 쿠폰 드려요. 방송 끝까지 함께해 주세요."

상품 구성 설명하기

구성이 많아 소개할 제품이 많다면 전체 구성을 언급한다. 특히 화장품처럼 단품이 아니라 세트로 파는 경우에는 피켓을 제작해 시청자가 상품 구성을 한눈에 파악할 수 있도록 하는 것도 요령이다. 방송 중 할인 혜택, 이벤트, 사은품 등도 피켓을 제작해 수시로 보여 주자.

피켓 제작 예시

전체 구성 설명은 5분을 넘지 않는 것이 좋다. 시청자가 원하는 건 시연을 통해 상품을 실제로 사용하는 모습이다. 상세 설명은 제품을 시연하면서 알려도 되므로 오프닝에서는 전체적인 소개만 언급한다.

상품 상세 설명하기

시연을 통해 제품의 진가를 보여 주는 시간이다. 오프닝에서 제품의 전체 구성을 설명했다면 여기서는 구성품 하나하나를 상세히 설명하며, 제품을 살 수밖에 없는 다양한 이유를 이야기한다. 제품의 소재나 성능을 보여 주거나, 직접 시연하면서 말이다. 사용 전과 후가 확실히 차이가 나도록 연출해 시청자의 구매욕을 자극하자. 음식이라면 완성된 요리를 보여 주는 것도 효과적이다. 이때 중요한 것은 시청자와의 생생한 소통이다. "뒤를 돌아봐주세요.", "클로즈업해서 박음질 좀 보여 주세요.", "세팅도 잘되나요?" 등 채팅창에 올라오는 질문과 요구에 성실히 답하고 응하자. 음식이라면 조리된 음식의 맛을 설명하고, 뷰티 제품이라면 그 자리에서 직접 발라 화사해지는 모습을 보이자.

마무리하기

제품의 필요성과 방송 중 혜택을 언제까지 받으며 살 수 있는지 알리고 마무리한다. 라이브 커머스는 홈쇼핑보다 방송 용어와 판매 방식에서 자유롭다. 판매 금지 품목에 해당하는 것만 아니면 제약 없이 마음껏 판매할 수 있다. 정기적으로 어떻게 방송을 구성하고 콘텐츠를 만들 수 있는지 고민하자. 제약이 없다는 건 좋은 기회이다.

방송에서 꼭 소개해야 할 것

라이브 커머스는 시청자와 실시간으로 소통하기 때문에, 상품 설명을 아무리 꼼꼼히 준비해도 100% 알릴 수가 없다. 시청자에게 꼭 알려야 하는 정보를 전체의 10~20% 정도로 잡고, 나머지는 제품 시연과 시청자의 질문에 답하면서 알리자. 시청자에게 꼭 알려야 할 정보는 다음과 같다.

제품의 특징과 장점

판매하는 제품의 일반적 특징이 아닌, 유일한 특징을 전달하자. 이때 주의할 점은 내가 아는 것을 시청자도 알고 있으리라 생각하는 것이다. 절대 안 된다. 누구나 알 법한 사소한 정보도 진행자가 의미를 부여하면 특별한 상품이 될 수 있다. 예를 들어, 요즘 유행하는 반 건조 생선은 대부분 간수를 뺀 100% 국산 천일염으로 간한다. 판매자 입장에서는 너무나 당연한 사실이다. 그러나 간수를 뺀 100% 국산 천일염으로 간했을 때 생선의 맛이 어떠하고, 무엇이 좋은지를 설명하며 의미를 부여하면, 해당 반 건조 생선은 특별한 상품이 된다. 또한, 제품을 선호하는 고객층의 특성을 파악해 원하는 정보를 주는 것도 중요하다. 예를 들어, 요즘 30~40대 기혼 여성은 제품을 선택할 때 실용성을 추구하는 경향이 있고, 30대 싱글 남성은 자기중심의 여가와 문화생활을 선호하는 경향이 있다. 또한, 30대 여성은 필요에 의해 물건을 사기보다 미래를 대비해 쇼핑하는 비율이 더 높다. 이러한 소비자 그룹별 성향에 맞춰 제품을 설명할 수 있어야 한다.

경쟁사가 있는 제품이라면, 경쟁사 제품과 무엇이 다른지를 알리자. 가격뿐 아니라 디자인, 옵션, 성능, 활용도 등의 다양한 관점에서 비교해 우수성을 알리는 게 바람직하다. 단, 경쟁사의 제품을 비방해서는 안 된다.

제품의 활용법

제품 자체가 아닌 '제품을 통해 얻을 수 있는 것'을 제공한다고 생각하며 소개하자. 예를 들어, 소스를 판다면 소스로 만든 근사한 일식 요리와 맛을 보여 주어야 한다. 소스가 맛있고 품질이 좋다는 것을 백번 이야기해도 시청자는 알 수가 없으며, 비슷한 소스를 시중에서 얼마든지 구입할 수 있기 때문이다. 여성용 앰풀을 판매한다면 직접 발라 피부에서 광채가 나고 화사해지는 모습을 보여 주어야 한다. 마치 그 앰풀을 바르면 누구나 광이 나는 것을 증명하듯이 말이다. 얼굴이 화사해지는 것에 주안점을 두는 게 아니라 한층 젊어지고 화사해진 변화와 자신감 넘치는 일상을 사는 미래에 주안점을 두자. 즉 소비자는 제품을 구매하는 것이 아니라, 제품의 가치를 구매하고 이를 통해 펼쳐지는 나의 미래상을 기대한다.

주부라면 누구나 저녁 반찬을 걱정한다. 나는 식사 준비 시간 전에 손질한 냉동 생선을 방송하며, 잡자마자 싱싱한 상태로 손질한 모습을 보여 주고, 간편하게 굽기만 하면 된다며 시연한 적이 있다. 맛뿐 아니라 시간도 절약할 수 있다는 걸 강조하며 요리할 시간에 다른 일을 하라고 했다. 아마 나의 마법에 걸린 주부 시청자들은 식사를 준비할 때 얻은 틈새 시간에 차를 마시거나, TV를 보며 피로를 푸는 상상을 하며 제품을 구매할 것이다. 즉, 제품 자체가 아니라 제품을 통해 얻는 기대 효과에 주안점을 두고 활용법을 알려 주면 2배의 공감을 살 수 있다.

제품의 스토리

장인 정신이 발휘되는 과정을 통해 생산되는 제품이라면 공정 과정을 설명하며 제품의 특별함을 알리자. 브랜드 탄생 스토리가 있다면 이도 신뢰를 주는 데 도움이 된다. 내가 판매한 칠리크랩소스는 셰프가 동남아 전역에서 직접 재료를 구해 우리나라 사람의 입맛에 맞는 소스를 만들기 위해 5년간 연구한 제품이었다. 나는 맛을 알리는 것도 중요하지만, 이러한 셰프의 스토리를 알리는 게 효율적이라 판단해 방송에서 자주 언급했고, 실제로 이에 신뢰해 구매한 사람이 많았다.

구매 혜택

라이브를 처음부터 끝까지 보는 시청자는 드물다. 중간에 들어오는 시청자도 많고, 중간에 나가는 시청자도 많다. 그러므로 중간중간 상품을 소개하고, 상품을 구입할 때 얻는 혜택과 이벤트를 알려 오래 머물도록 해야 한다.

혜택의 종류는 다양한데, 네이버의 쇼핑라이브에서는 '찜하기'와 '소식받기'를 통해 포인트와 할인 쿠폰을 제공할 수 있고, 그립에서는 쿠폰 제공과 경매 방식의 재미있는 진행이 가능하다. 이벤트는 구입 금액별 선착순 사은품 제공도 좋다.

라이브 이벤트 립

- 제품명으로 삼행시 짓기
- 제품 관련 퀴즈 내기
- 가장 재미있거나 적극적으로 댓글을 다는 시청자 선정하기
- 구입 후 SNS에 후기를 남기는 시청자 선정하기(필수 해시태그를 알려 준다.)
- 깜짝 타임 세일

라이브 주의사항

- 과장된 설명은 금지다. 가장 좋은 건 방송을 통해 제품을 구입한 고객의 입소문이므로, 정말로 고객 만족을 위해 진정성 있게 다가가자.

- 경쟁사 비방과 경쟁사 제품과의 비교는 금지다. 아직은 라이브 커머스에 대한 심의가 까다롭지 않지만, 타 제품을 비방하고 비교하는 것은 업계를 위축시킬 수 있다.

- 지나친 구매 유도는 삼가자. 라이브 커머스와 홈쇼핑이 차이점은 소통과 진정성이다. 또한, 라이브 커머스의 주 고객은 밀레니얼 세대이다. 홈쇼핑처럼 빠르게 진행하며 구매욕을 자극하는 진행은 우리 주 고객의 눈살을 찌푸리게 할 수 있다. 천천히 그들의 질문에 답하며 공감을 사는 데에 집중하자.

실전! 라이브 커머스 기획서 작성법

시청자가 라이브 커머스를 통해 얻고자 하는 건 진정성과 제품의 가치이다. 그러므로 플랫폼 선정 후 기획안을 제출할 때는 방송 전체의 흐름을 담도록 하자.

방송 기획서는 제품의 콘셉트와 상품 구성에 따라 달라진다. 이 장에서는 제품의 콘셉트와 상품 구성에 따른 기획서를 예시로 사용하겠다. 이를 바탕으로 당신의 상품을 알릴 방송 시나리오를 기획해 보자. 라이브 커머스의 기획과 운영 전반을 업체나 플랫폼에 맡기더라도, 내 제품을 가장 잘 표현할 수 있는 것은 생산자와 담당자뿐이다. 적어도 기본 기획서 작성과 시나리오를 구성할 수 있어야 판매의 포인트를 잡고 매출을 올리는 데 일조할 수 있다. 다음 예를 통해 당신의 제품 판매를 위해 강조할 점과 고객에게

다가가는 방법을 고민하자.

기획서 작성 예시

　전체 방송 진행에 대한 기획서는 다음과 같다. 판매의 소구점은 세 가지 정도로 정해서 언급하자.

물 만난 손질 꽃게 쇼핑 라이브	
영상 제목	손질 꽃게와 함께하는 집구석 요리 가이드
진행자	대표 & 쇼호스트 레나
방송 구매 포인트	· 30% 할인 혜택 · 쿠폰 제공 · 3만 원 이상 구매 시 소스 무료 증정
진행 방식	· 제품 구성 및 혜택 소개 · 손질 꽃게 소개 · '칠리크랩 → 푸팟퐁커리 → 꽃게 라면' 순으로 요리하며 레시피를 제공하고, 진행자끼리 대화하며 맛과 영양, 활용법, 리뷰, 추가 혜택 등의 판매 소구점을 홍보한다. 제품의 간편한 손질과 요리의 간단함을 강조한다.
진행 내용	**1. 오프닝** · 판매자 소개 및 시청자와 인사, 브랜드 간략 소개 · 구매 포인트 강조(서해에서 갓 잡아 선상에서 급랭시킨 꽃게라는 것과 손질의 간편함, 위생 강조) – 꽃게 클로즈업

- 제품의 구성 설명 – 피켓 들기
- 혜택 설명(30% 할인가, 3만 원 이상 구매 시 소스 무료 제공, 돌발 퀴즈로 쿠폰 제공)

2. 상품 소개
- HACCP 인증 시설에서 가공 언급(판매 소구점 ①)
- 칠리크랩 조리 시연하며 레시피 제공(소스로 이국적인 요리를 간편히 요리할 수 있다는 점 강조) → 완성 후 시식(꽃게 클로즈업과 씹는 소리를 담아 매콤한 소스에 어울리는 꽃게의 부드러움과 고소함 강조) → 푸팟퐁커리, 꽃게 라면 요리로 반복
- 제품 하나로 레스토랑에서나 먹을 법한 요리를 먹을 수 있다는 점 강조(판매 소구점 ②)
- 냉동실에서 필요할 때 꺼내 바로 조리할 수 있음 강조(판매 소구점 ③)

＊ 수시로 댓글로 시청자와 소통하며, 판매 소구점은 3회 이상 언급한다.

3. 클로징
가격과 혜택, 제품의 특징과 장점 언급, 이벤트 당첨자 축하, 끝인사

쇼핑 라이브 경험자라면 이렇게 큰 틀만 잡아 두어도 진행이 수월하다. 단, 이 기획서는 전체 흐름을 잡은 기획서일 뿐이다. 라이브 방송에서 가장 중요한 것은 시청자와의 소통이므로, 전체의 흐름을 정리해 두고, 그때그때 올라오는 시청자의 댓글에 응대하면서 소통하는 방송을 만들자.

전체 시나리오 작성 예시

만약 라이브에 익숙하지 않은 진행자라면 전체 시나리오를 작성하고 몇 번 연습한 후에 진행할 것을 권한다. 전체 시나리오를 짜야 한다면 처음부터 끝까지 대사를 정하자. 만약의 경우를 대비해 큐시트를 준비하는 것도 좋다(이하 '쇼'는 쇼호스트, '판'은 판매자를 말한다).

환영 인사 및 진행자 소개	쇼: 안녕하세요? '물 만난 해녀' 오늘 진행을 맡은 쇼호스트 ○○○입니다. 판: 안녕하세요? 물 만난 해녀 주인 ○○○입니다. 쇼: 자, 이제 시청자님들이 무려 ○○분이나 방송을 기다리시는데요, (입장하는 분 아이디를 호명하며 반갑게 인사) 시작하도록 하겠습니다!
제품 소개	쇼: 오늘 주인공은 손질 꽃게인데요. 이 꽃게로 특별한 요리 보여 드리려고 합니다. 판: (요리 간략 소개) 쇼: 오늘 세계 요리 다 먹는 건가요? 그럼 오늘의 주인공인 이 꽃게는 어떤 꽃게인가요? 판: (간단한 제품의 특징과 장점 소개)
제품 구성 안내	쇼: 정말 기대가 됩니다. 여러분, 오늘은 이 손질 꽃게로 세계 여행을 한번 다녀오려 해요. 세계의 꽃게 요리 오늘 다 보여 드리겠습니다! 저는 특별히 칠리크랩이 기대가 되네요. 오늘 라이브 방송 중에 특별 혜택이 있습니다. (피켓을 보여 주며 혜택 소개)
제품 시연 및 시청자와의 소통	쇼: 자, 그럼 대표님. 이 꽃게 자랑부터 좀 해 주시겠어요? 판: (꽃게 하나를 손에 들고 특징과 장점, 차별점을 이야기하고, 손질 상태와 위생을 강조) - 판매 소구점 ① 쇼: 와! 진짜 무슨 왁스칠한 것 같아요. 이렇게 손질이 다 되어 있으니 냉동실에 넣어 두고 필요할 때 하나씩 꺼내서 탕이나 국 요리를 하면 될 것 같아요. 정말 간편하네요! - 판매 소구점 ② 판: 네. 맞아요. 특히 이 꽃게는 배에 급속 동결 시스템이 잘 갖추어져

	있어서 서해에서 잡자마자 급랭되어 신선해요!(국내산, 신선함 강조) – 판매 소구점 ③ 쇼: 네~ 정말 기대가 되는데요. (제품 구성 및 혜택 요약) 먼저 싱가포르 칠리크랩을 준비해 봤습니다. 저도 싱가포르에서 이 칠리크랩을 먹었던 기억이 있는데, 빵에 찍어 먹은 매콤한 칠리크랩 그 맛 그대로 재현 가능한가요? 집에서 칠리크랩을 해 먹는다고 상상이나 했겠어요? 동남아에서 직접 공수한 재료로 만든 칠리크랩 소스! 그것도 한국인의 입맛에 맞춰 향을 조절한 셰프의 센스가 정말 기대됩니다. 판: (조리 시작, 시청자와 소통, 조리 완성) 쇼: (입어 넣자마자 감탄) 대: (요리의 간편함을 한 번 더 언급 후 쇼호스트가 맛보는 동안 반 조리된 푸팟퐁커리 요리 시작) 쇼: (상품 소개와 방송 중 구입 시 혜택 언급) 쇼: 대표님. 지금은 뭐 하시는 건가요? 판: 네. 이번에는 푸팟퐁커리예요. 태국식 커리지요.(푸팟퐁커리 간단히 소개 후 시청자와 소통하며 요리 진행) 꽃게 요리는 손님 대접이나 특별한 날 먹기 좋은 메뉴예요. 유통기한이 1년이나 됩니다! (요리 완성) 쇼: (완성된 요리 시식, 감탄, 박수) 이 요리를 집에서 할 수 있다니 정말 놀랍습니다. 냉동실에서 꺼내서 바로 요리하면 되잖아요! 판: 네. 재료만 있으면 사실 정말 간단한 요리들이에요. 자, 이제는 속을 좀 풀어 드리겠습니다. (라면 물 올리고 끓는 동안 시청자 댓글 응대, 피켓 들고 상품 소개, 방송 중 이벤트 언급) 쇼: (완성된 요리의 꽃게를 집어 들고 먹으며 꽃게의 꽉찬 속살과 국물의 얼큰함 표현) – 카메라 클로즈업
행동 유도	쇼: 오늘 한 시간이라는 짧은 시간에 음식으로 싱가포르, 태국 찍고 멀리 이탈리아까지 날아갔다가 다시 한국으로 돌아왔습니다. 저 혼자만 너무 맛있게 먹어서 죄송한데요. 오늘 보여드리는 이 손질 꽃게 하나로 다 가능한 요리들입니다. (상품 가격 이벤트 마지막 소개) 오늘 이 방송이 끝난 후 한 시간까지 동일 혜택이 제공됩니다. 냉동실에 꽃게 들여 놓으시고 이번 주말 멀리 가지 마시고 집에서 각 나라의 꽃게 요리 한 번 즐겨 보세요.

전체 대사를 미리 작성해서 연습 후 방송을 진행하는 건 초보자에게 중요한 일이다. 시청자는 진행자의 리액션에 반응한다. 위와 같은 음식이라면 입에 넣자마자 감탄사를 연발하고, 맛을 표현하자. 제품이라면 시연 시 느낌과 성능에 200% 감탄할 필요가 있다. 평소보다 2배 강하게 리액션한다고 생각하라.

이처럼 전체의 흐름을 명확히 잡아 두고, 제품의 핵심과 각 장면에서 강조할 점을 잊지 않고 강조하면 수월하게 방송할 수 있다. 일반적으로 오프닝은 시나리오대로 흘러가지만 제품 설명부터는 실시간 댓글의 질문에 응대하며 시나리오대로 흘러가지 않는다. 그러나 라이브의 묘미라고 생각하자. 거듭 말하지만, 쇼핑라이브는 있는 그대로의 모습이 재미와 진정성이다.

판매 소구점 찾기 팁

판매 소구점은 딱 세 가지만 언급하자. 나머지 특징과 장점은 판매 상세 페이지
에서 보도록 유도하고, 판매자가 알리고 싶은 부분이 아닌 철저하게 타깃 고객
의 입장에서 필요할 만한 부분을 언급하자. 명품 도마를 구입하는 1인 가구는 도
마의 견고함이나 재질보다 SNS에 예쁘게 나올 목적으로 구입하는 경우가 많다.
집에 명화를 들이는 직장인은 변질 없는 아트프린트가 아닌, 집 안 분위기를 갤
러리로 꾸미고 싶은 마음이 클 수 있으며, 양념 장어를 구입하는 주부는 가족들
에게 간편하지만 영양가 있는 집밥을 차려 주고 싶기 위함이다. 타깃을 분석하
고 그들이 정말로 필요로 하는 것에 집중하자.

진행자의 자격

진행자를 홈쇼핑에서는 쇼호스트라고 하고, 라이브 커머스에서는 모바일 쇼호스트라고 한다. 이를 통틀어 나는 진행자라고 부르기로 했다. 쇼핑 라이브 진행자에게 특별한 자격은 없다. 네이버 쇼핑라이브나 그립, 쿠팡라이브를 통해 판매자가 직접 나설 수도 있는 게 라이브 커머스이다. 그렇다면 진행자는 어떠해야 할까?

진행자의 구성

라이브는 보통 세 가지 유형의 진행 방식으로 진행된다.

첫 번째는 전문 쇼호스트 단독 또는 공동 방송이다. 매끄럽고 높은 매출을 기대할 수 있으며, 이미 알려진 브랜드이거나 네이버의 쇼핑라이브 기획전이라면 큰 효과를 볼 수 있다. 이들의 섭외 비용은 몇십만 원에서 몇백만 원 수준으로 천차만별이다. 만약 섭외 비용이 부담스럽다면, 개인 방송으로 고정 시청자 수를 확보한 후에 맡기는 것도 방법이다. 그립을 이용한다면 그리퍼에게 제품을 제공하고 방송 진행을 의뢰할 수도 있다. 이럴 경우에는 판매 수수료 외에 그리퍼 수수료 5~15%가 발생한다.

두 번째는 쇼호스트와 판매자의 공동 진행이다. 판매자는 회사의 대표 또는 내부 직원이며, 이들만큼 상품에 대해 잘 아는 사람이 없으므로 입담이 좋은 쇼호스트와 함께 진행하면 좋은 매출과 매끄러운 진행을 기대할 수 있다. 물론, 이 경우에도 쇼호스트 섭외 비용이 발생하므로 감안해서 예산과 목표 매출을 잡아야 한다.

세 번째는 판매자가 직접 진행하는 것이다. 현재로서는 일반인에게 오픈되는 플랫폼인 네이버와 그립컴퍼니, 쿠팡, 티몬에서만 가능하다. 앞서 언급했듯이, 우리나라에 쇼핑 라이브 플랫폼은 많지만, 개인 방송을 할 수 있는 플랫폼은 네이버와 그립이 가장 일반적이고, 쿠팡은 지난 1월에 베타 서비스를 시작해 뷰티 용품에 한해 방송이 가능하다. 방송 전문가가 아니라서 다소 매끄럽지 않을 수 있지만, 가성비가 좋고, 장소나 시간에 구애받지 않고 방송할 수 있다.

사실 방송 진행은 카메라에 익숙하거나 콘텐츠만 있으면 누구나 할 수 있다. 한 빵집 사장님께서는 카메라를 켜고 아무 말 없이 빵 만드는 모습만 보여 주었는데도 시청자들의 공감을 얻어 빵을 많이 파셨다. 정직하게 만들어지는 빵과 우직한 사장님에 대한 반응이었을 것이다. 어떤 판매자는 새벽에 수산시장에 나가 현장의 모습을 카메라에 담은 뒤, 배에서 막 내린 싱싱한 생선을 떼어 팔기도 하고, 어떤 판매자는 처음으로 카메라 앞에 서서 멋쩍게 웃는 모습만 보여 주었는데도 현실적인 모습이라며 긍정적인 반응을 얻기도 했다. 아무튼 판매자 혹은 생산자가 직접 판매하는 경우, 시청자는 그럴싸한 포장과 매끄러운 진행보다는 진정성에 후한 점수를 주기 마련이다. 그러므로 제품에 대해 누구보다 잘 알고 있는 판매자나 생산자가 직접 나서는 것도 시도해 볼 만하다.

잘 파는 진행자 살펴보기

라이브 커머스의 최종 목적은 그래도 '판매'이다. 그러므로 좋은 진행자란 '잘 파는 진행자'이다. 내가 처음으로 접한 라이브 방송은 산지에서 진행하는 과일 판매 방송이었다. 쇼호스트는 작업복 차림에 밀짚모자를 쓰고 있는 모습이었는데, 과수원 테이블에 푸짐하게 차려진 과일을 맛있게 먹으며 사장님과 재치 있게 대화하는 게 인상적이었다. 알고 보니, 그 쇼호스트는 산지를 찾아다니며 현장에서 바로 제품을 파는 전문인이었다. 나는 그녀가 지금껏 깔끔하게 차려입은 모습으로 방송하는 것을 본 적이 없다. 늘 바람 부는 바다나 논밭에서 목청을 높여가며 소리를 지르듯 방송한다. 우리가 아는 쇼호스트의 모습과는 전혀 다르다. 그러나 그녀는, 산지 제품 판매에 가장 적절한 진행자일 것이다. 그렇다면 진행자는 어떤 능력을 갖추어야 할까?

전문성

진행자는 시청자의 모든 질문에 답할 수 있는 전문가여야 한다. 식품을 판다면 해당 제품으로 할 수 있는 최대한의 요리법과 활용법을 소개할 수 있어야 하고, 갑자기 물어 오는 제품의 효능과 원산지, 생산과 가공 과정, 중량, 성분에 대해서도 즉각 답할 수 있어야 한다. 시청자는 진행자가 대답을 망설이는 순간 제품을 신뢰하지 않는다.

쇼호스트를 섭외했다면 쇼호스트에게 제품을 보내서 직접 사용해 보게 하라. 제품에 대한 수식어와 표현, 판매 포인트가 달라질 것이다. 내가 직접 쇼호스트로서 판매한 첫 아이템은 장어였다. 맛을 보고 충분히 생각해 판매 포인트를 잡았는데 문제가 있었다. 맛이 좋은 이유를 생각해 보지 않은 것이다. 해당 장어가 맛있던 이유는 토종 국내산 민물장어이기 때문이고, 특유의 쫀득함과 담백함이라는 최대 장점을 살렸어야 했는데 나는 그냥 맛과 먹는 법만 언급했다. 역시 제품에 대한 설명이 부족하니 시청자를 많이 설득하지 못했다.

우리는 시청자가 어떤 질문을 할지 알 수 없다. "전복 손질하는 것 좀 보여 주세요.", "텐트 어떻게 설치해요?", "그 팬 무겁지 않나요? 음식 넣고 한번 들어 봐 주실래요?"라는 다양한 물음에 성의 있게 답하기 위해서는 전문가가 될 수밖에 없다.

진정성

부끄럽지만 내 소개를 하고자 한다. 앞서 언급한 뜨개질을 콘텐츠로 하는 판매자는 매주 3회 9~11시까지 뜨개 방송을 진행한다. 도안 없이 뜨기도 하고, 시청자가 요구하는 것을 즉흥적으로 뜨기도 하며 두 시간 방송을 꽉 채운다. 이 방송으로 아이디어를 얻어 기획한 방송이 매주 수요일 7시에 하는 〈밥 먹으러 오세요〉이다. 재료를 소개하고, 해당 재료로 요리하면서 식사하는 콘셉트인데, 처음에는 몇 안 되던 시청자가 지금은 500여 명 정도 되고, 애청자도 꽤 늘었다. 소소한 기획이었는데 매출은 물론 팬까지 얻은 사례이다.

기획전을 열어서 상품 소개를 집중적으로 하면 판도 커지고 매출을 올릴 수 있지만, 판매자의 일상과 콘텐츠의 공유로 얻은 고객은 충성도 높은 고객이 될 확률이 높다. 내 입장에서도 고비용과 많은 시간이 드는 건 아니라서 부담이 없다. 다시 이야기하지만, 요즘의 고객은 제품의 질과 가격도 중요하게 생각하지만, 제품의 가치가 담긴 스토리에 더 열광한다. 화려하고 잘 만든 모습을 보여 주는 것도 필요하지만, 이를 담아내기 위한 진솔한 모습을 보여 주는 것도 판매 포인트가 될 수 있다. 물론, 나를 드러내는 게 처음에는 쑥스러울 것이다. 그러나 지금은 나를 드러내고 홍보해야 하는 시대이다. 판매자가 직접 나와서 제품을 만들기까지의 풍성한 스토리를 전하는 게 말을 잘하는 것보다 효과가 크다. 나를 카메라 앞에 세우는 데에 주저하지 말자.

오락성

라이브를 즐겨보는 이유 중 하나는 재미이다. 시청자가 끝까지 방송을 보는 이유는 방송 중인 제품이 정말로 필요해서이거나, 어쩌다 들어왔다가 재미있어서이다. 여기서는 댓글이 정말 중요하다. 진행자가 예능 프로그램처럼 재치 있는 입담을 쏟아내며 진행하려면 댓글이 있어야 한다. "안녕하세요. 주말에 뭐하셨어요?"라고 진행자가 물으면 달리는 댓글로 수다가 시작되기 때문이다. 라이브 시청자는 채팅창을 통해 수다를 떨고 랜선 모임에 들어온 것 같은 기분이 든다.

"한 팩에 몇 조각 들었어요?"

"○○님, 정말 좋은 질문을 해 주셨어요~ 한 팩에 11조각 들어 있고, 중량은 500g이에요."

"○○님, 수량 많다~~ 그렇죠? 11조각이면 세 가지 정도의 요리를 할 수 있으니 가성비가 상당해요."

이렇게 시청자와 끊임없이 대화하며 분위기가 무르익으면 나중에는 시청자끼리 댓글로도 소통하게 된다. 시청자 관점에서 라이브 쇼핑의 오락적 요소는 여기에 있다. 소통을 끊이지 않게 하는 것은 진행자의 몫이다. 여기에 할인이나 이벤트, 돌발 퀴즈 등이 더해지면 금상첨화이다. 즉, 진행자는 입담과 공감 능력으로 시청자를 끌어들여 대화에 참여시킬 수 있어야 한다.

그런데 어떻게 재치 있게 방송을 이끌 수 있을까? 바로 애드리브이다. 그럽에서 지인과 장어를 판 적이 있다. 친한 지인과 딱히 요리라고 할 것도 없이, 불판 위의 장어를 한꺼번에 뒤집기, 껍질 벗겨 시식하기, PD에게 먹여 주기 등을 하며 한 시간을 방송했는데 꽤 높은 매출이 나왔다. 시나리오조차 없는 방송이었는데, "이렇게 하면 맛있겠다! 여러분, 이렇게 드셔 보셨어요?" 하며 애드리브로 채운 방송이 꽤 알찼나 보다. 이렇게 애드리브를 통한 자연스러운 방송 또한 라이브의 매력이다.

산지 전문 쇼호스트를 보면 진행자가 갖춰야 할 능력을 모두 갖춘 경우가 많다. 제품에 대한 정보와 방문 지역에 대한 정보를 훤히 꿰고 있으니 할 말이 많고, 복장과 구수한 사투리는 생산자와 안성맞춤이고, 유쾌한 애드리브와 제품에 대한 진정성까지 완판을 시키기에 충분하다. 쇼호스트 대부분 처음부터 방송인인 경우는 드물다. 모두 회차를 거듭할수록 노하우가 쌓이고 발전한 것이다.

자! 이제 당신도 할 수 있다. 당신만의 스타일을 찾아 고객에게 다가가자. 애드리브와 재치로 만들어지는 방송은 시간이 만들어 줄 것이다. 지금 해야 할 일은 당장 스마트폰을 켜는 것이다.

제품과 진행자의 궁합

이번에는 제품 분야별 적합한 진행자에 대해 알아보자. 보통 1인 기업이나 소상공인은 직접 진행을 맡거나, 전문 쇼호스트에게 의뢰를 하게 된다. 그런데 요리사도 한식, 중식, 일식 전문 분야가 있듯이 쇼호스트에게도 전문 분야가 있다. 물론, 오랜 방송 생활을 했거나 팬을 확보한 인플루언서야 제품이 아닌 인플루언서 자체를 믿고 사기 때문에 별개이다.

최근 전문 MC로 활동하다가 모바일 쇼호스트로 영역을 확장한 지인이 있다. 그는 누가 보아도 훤칠하고 훈훈한 아버지상의 신사로, 말하는 스타일도 차분하고 신뢰가 느껴지는 스타일이었다. 그래서 그의 방송은 주로 인테리어 용품이나 가전제품을 파는 채널이었다. 그러던 어느 날, 우연히 그가 음식을 파는 방송을 보았다. 사실 음식은 살짝 과하게 맛을 표현하며 보는 이의 침샘을 자극해야 하는데, 그는 그러지 못했다. 전문 방송인이니 진행은 원활했지만, 그를 잘 아는 나로서는 아쉬움이 남았다. 이렇게 전문 쇼호스트여도 자신에게 맞는 분야가 있으므로, 우리는 내 제품에 맞는 사람을 찾아야 한다. '푸드, 패션, 테크, 뷰티, 맘&키즈'로 분야를 나누어 맞춤형 진행자를 찾아보자.

푸드

식품과 주방기기를 파는 분야이다. 요리를 콘셉트로 하는 콘텐츠가 대부분이며, 이런 분야는 요리에 대해 잘 알고, 음식을 맛있게 먹고 표현할 줄 아는 진행자가 좋다. 방송인 이영자 씨를 예로 들 수 있다. 그녀는 음식을 맛있게 먹어서 보는 이도 해당 음식을 먹고 싶게 만드는 재주가 있다. 음식을 사랑하고, 많이 먹어보았기 때문에 가능할 것이다. 이렇게 음식에 일가견이 있고 맛의 조화를 찾아 새로운 요리법을 소개할 수 있는 진행자가 식품과 주방기기 진행자로 적합하며, 애드리브도 수월하다. 식품과 주방기기라고 해서 꼭 주부가 진행자일 필요는 없다. 잘 먹고, 많은 정보를 줄 수 있고, 주방기기를 익숙하게 다룰 수 있는 사람이면 된다. 요리 프로그램에 유명 셰프가 나와서 시청률을 올리는 걸 보면 알 수 있다.

산지 직송 조기를 판매하는 방송을 본 적이 있다. 간편하게 손질해서 묶음으로 파는 형식이었는데, 내가 보기에는 판매자가 매우 어려 보이고 손질도 능숙하지 않았다. 생선 손질에 능숙한 판매자가 진행했더라면 좋았을 것 같아 아쉬웠다. 말은 손질이 간편하다고 하지만, 시연하는 모습이 막상 간편하지 않아 보인다면? 구입을 포기하는 사람이 많을 수밖에 없다. 즉, 푸드 라이브 진행자는 잘 먹든가, 잘 표현하든가, 요리에 능숙해야 한다.

주방기기도 마찬가지이다. 주물 팬을 파는 판매자가 직접 팬을 이용해 능숙하게 요리하고 먹는 모습을 연출하는 것을 본 적이 있다. 그 주물 팬이 있으면 나도 저 판매자처럼 맛있는 요리를 쉽게 할 수 있을 것만 같은 착각이 들 정도였다. 나중에 알고 보니 해당 라이브의 그날 매출은 1억 원에 달했다.

푸드 라이브 진행자의 주의사항

- 짙은 메이크업을 피하자. 짙은 메이크업은 주방과 어울리지 않는다. 특히 짙은 색의 립스틱은 입은 크게 벌려 맛있게 음식을 먹는 장면을 연출하는 데에 한계가 있다. 화려한 액세서리와 네일도 피한다.

- 머리는 단정하게 정리한다. 특히 머리를 쓸어 넘기는 습관이 있는 진행자라면 반드시 깔끔하게 뒤로 묶자. 푸드는 위생과 직결되어 있다. 머리를 만지는 모습은 제품의 신뢰도를 떨어뜨린다.

- 건강식품과 영양제류의 판매는 전문가다운 이미지 연출이 필요하다. 하얀 가운을 입거나 맑고 밝은 피부 결을 유지하자. 그래야 제품에 설득력을 더할 수 있다.

패션

라이브 커머스에서 가장 수익이 많이 나는 분야이다. 패션 분야에 가장 어울리는 진행자는 감각적인 패션 감각을 자랑하고, 다양한 옷을 소화할 수 있는 사람이다. 옷을 잘 입는 사람은 본인의 옷도 매우 꼼꼼하게 고르기 때문에, 시청자가 무엇을 궁금해하는지 잘 안다. 이들은 입었을 때의 길이, 신축성, 몸을 가려 주는 부분뿐 아니라, 유행하는 디자인과 색상, 다른 옷과의 믹스 매치, 바느질 등을 세세하게 소개할 줄 안다.

우리는 소비자가 매우 깐깐하고 복잡하게 비교하며 옷을 사는 듯이 보이지만, 사실 소비자가 구매를 결정하는 이유는 단순하다. 누군가가 옷을 멋지게 소화하면 자신도 그리되리라는 기대 심리에 구매 버튼을 누른다. 또한, 옷을 고를 때 대부분은 '저걸 입으면 어떤 분위기지?', '어떻게 코디하지?' 등을 고민한다. 능숙한 진행자는 이를 간파하고 다양한 코디로 대신 입어 주며 핏을 보여 준다. 그리고 시청자는 진행자의 코디를 보고 자신에게 어울릴지, 자신의 몸매에 잘 맞을지를 가늠한다. 그러므로 평균 키의 진행자와 키가 큰 진행자가 함께 판매하는 것도 방법이다.

시청자에게 익숙한 용어를 쓰는 것도 중요하다. "이 옷은 내추

럴하고 캐주얼한 느낌을 동시에 가지고 있고요. 올해 팬톤 컬러에 맞춘 트렌디한 색상에 이런 서큘러스커트는 큐트한 이미지를 부각할 수 있어요." 어떠한가? 패션 업계에서는 흔히 쓰이는 용어일 수 있지만 일반 소비자에게는 직관적이지 않은 말이다. 이렇게 설명했다면 소비자가 알아듣기 쉬운 단어로 부연 설명을 해야 한다. "이 옷은 자연스럽고 활동적인 느낌을 동시에 가지고 있고요. 올해 유행하는 색인 밝은 노란색은 귀엽고 활발한 이미지를 부각할 수 있어요. 하얀 피부에도 잘 어울리고 살짝 까무잡잡한 피부에도 너무 잘 어울려요."라고 말하는 게 낫다.

또한 패션은 푸드와 달리, 소개하는 옷과 어울리는 화려한 액세서리와 네일, 헤어스타일을 연출하는 게 좋다. 그래야 옷을 돋보이게 할 수 있다. 즉, 패션 분야 진행자는 제품의 장점을 잘 살릴 수 있고 다양한 팁을 즉석에서 제공할 수 있으며, 소비자가 화면을 보면서 자신이 입었을 때의 핏을 예측할 수 있도록 평균 신체 사이즈인 사람이 적당하다. 만약 보조 진행자가 있다면, 메인 진행자와 분위기가 다른 사람이 좋다.

테크

테크 분야는 진행자가 전문적으로 보여야 한다. 깔끔한 정장 차림에 명확하고 분석적인 표현을 구사하고 중저음의 음성을 가진 진행자가 적합하며, 해당 제품을 실제로 사용할 것 같은 이미지의 진행자가 좋다.

제품을 설명할 때는 마냥 좋다는 추상적인 설명에 합리적인 가격을 앞세우기보다 제품의 내부 구조와 작동 원리를 쉽게 설명할 수 있어야 한다. 예를 들어, 공기청정기를 판매한다면 정상적인 미세먼지 수치나 미세먼지의 유해성에 대해 전문가의 의견을 예로 들어가며 언급한 후, 제품을 분해해 각 필터의 역할과 성능을 수치로 보여 주면 확실하다. 테크 분야의 시청자는 전문적인 질문을 많이 하는 편이므로 오락성보다는 정보성에 중점을 두자. 전자 제품, 기술 제품을 구매하려는 소비자는 제품의 정보를 정확하게 알고 싶어 하고, 한 번 사면 오래 쓰고 싶어 하며, 질리지 않는 디자인과 가격을 원한다. 이에 맞는 분석적 정보를 줄 수 있어야 한다.

뷰티

뷰티 분야의 진행자는 일단 피부가 좋아야 한다. 피부의 결을 유지, 개선하고 아름답게 꾸미는 제품을 판매하는 분야이기 때문이다. 뷰티 방송은 진행자가 직접 자신의 피부에 제품의 발림성과 질감을 보여 주어야 하고, 카메라의 클로즈업이 불가피하다. 또한, 뷰티 분야의 진행자는 판매자이기도 하지만 소비자여야 한다. 충분히 사용해 본 후 객관적인 피드백을 전달하고, 효과를 눈으로 검증시키자.

또한, 제품을 돋보이게 하는 의상과 액세서리 선택도 진행자의 몫이다. 모든 여성은 아름다움을 원한다. 화면에 비친 모델의 모습이 제품을 사용하는 자신의 모습이 되리라는 기대가 있다. 진행자는 이를 충족시켜 주어야 하며, 기본적으로 퍼스널 컬러와 피부 상태에 따른 기초 메이크업 팁 정도는 제공할 수 있어야 한다. 사소한 팁이 시청자를 설득함을 잊지 말자.

간혹 하얀 가운을 입고 진행하는 뷰티 방송이 있는데, 이도 의상을 통해 전문가다운 모습을 보여 주려는 의도로 볼 수 있다. 여기에 진행자의 피부가 부러울 정도로 광이 나고 좋다면 신뢰가 갈 것이다. 즉, 뷰티 분야 진행자는 의상과 액세서리, 메이크업, 피부 상태가 제품을 사용한 후의 이상적인 모습이어야 한다.

맘&키즈

아이를 키우거나 교육 분야 종사자의 진행자가 좋다. 아이를 키우면서 겪는 변수와 문제는 아이를 키워 본 사람만이 알 수 있으며, 육아 관련 유용한 팁도 제공할 수 있다. 예를 들어, 아이의 코 막힘 개선에 도움을 주는 밤을 판매한다면, 코가 막혔을 때 아이가 얼마나 답답해하는지를 현실적으로 표현할 수 있고, 아이 옷도 예쁘기만 한 것보다 오물을 제거하기에 좋은 소재임을 설명할 수 있으면 좋다. 또한, 교과서 같은 육아 관련 팁보다 육아에서 벗어날 수 있는 소중한 시간, 아이들이 좋아하는 모습에 행복을 느끼는 엄마의 마음을 알아주는 진행자라면 충분히 시청자의 공감을 살 수 있다. 실제 경험을 바탕으로 팁을 제공할 수 있는 진행자가 유리하다.

진행자 섭외하기 팁

- SNS로 적합한 진행자를 찾은 뒤 DM을 통해 제안하자.

- 지인을 활용하자. 전문 쇼호스트가 아니더라도 말을 잘하고 분위기를 띄울 수 있는 진행자를 소개받을 수 있다.

- 에이전시를 이용하는 것도 방법이다. 등급별, 분야별 쇼호스트와 인플루언서를 찾을 수 있다.

- '크몽'과 같은 재능 판매 플랫폼을 이용하자. 문의와 레퍼런스 체크를 통해 적합한 진행자를 찾을 수 있다.

- 그립과 쿠팡은 전문 진행자를 소개해 준다. 매칭 서비스를 이용하는 것도 합리적이다.

04

짜릿하게
보여 주기

라이브 커머스와 홈쇼핑의 가장 큰 차이는 방송 매체이다. 홈쇼핑이 TV를 기반으로 한다면, 라이브 커머스는 모바일 기기를 기반으로 하며, 홈쇼핑에는 전문 촬영팀이 총동원되어 넓은 스튜디오를 채우기 위한 여러 대의 방송용 카메라와 조명, 반사판이 설치된다면, 라이브 커머스는 스마트폰과 삼각대만 있으면 된다. 사실 라이브 커머스의 가장 큰 장점은 편재성으로 볼 수 있다. 그러나 여러 차례 다양한 콘셉트의 쇼핑 라이브를 진행하고, VOD를 통해 모니터링한 결과, 촬영의 중요성을 실감했다. 카메라의 앵글에 따라 방송의 생동감과 상품의 노출 효과가 다르다. 이 장에서는 방송에 필요한 기본 장비들과 활용 방법을 구체적으로 알아보고자 한다.

방송 송출에 필요한 장비들

스마트폰

　스마트폰에 앱만 다운로드하면 당신도 라이브 커머스를 시작할 수 있다. 체크할 것은 간단하다. 우선 요금제와 인터넷 환경을 확인하라. 이를 간과해 과도한 요금이 발생하거나, 방송 속도에 제한이 생기는 경우가 있다. 초고속 인터넷에 연결된 와이파이가 있는지 확인하고, 방송 전 한 번 더 안정적으로 인터넷이 연결되어 있는지 확인하자. 그리고 카메라 렌즈를 꼼꼼히 닦자. 먼지나 기름때 없는 렌즈만으로도 좋은 화질을 제공할 수 있다.

　또한, 스마트폰은 주변의 모든 소리를 송출한다. 그러므로 방해 금지 모드로 전환하고, 공공 알림 메시지를 차단하자. 방송 중 전화나 문자가 오면 방송에 차질이 생긴다. 비행기 모드로 전환해도 좋다. 하나 더 팁을 주자면, 촬영용 스마트폰과 실시간 소통용 스마트폰을 따로 사용하는 게 편리하다. 고정된 촬영용 스마트폰으로 실시간 응대까지 하면 보는 이도 불편하다. 라이브 커머스는 고객과의 소통이 관건이므로, 여분의 스마트폰(태블릿PC나 노트북도 좋다)을 소통용으로 사용하는 게 효율적이다.

방송 사고!

라이브는 세로 모드로 송출된다. 나도 이를 간과하고 방송이 시작된 후에야 화면이 누워 있는 것을 보고 급하게 방향을 바꾼 적이 있다. 그래서 화면이 흔들리고, 방송을 기다렸던 시청자를 더 기다리게 만들었다. 리허설이나 테스트 방송을 통해 완벽히 세팅하고 라이브를 시작하자.

삼각대

스마트폰을 안정적으로 거치할 수 있는 스마트폰 전용 삼각대를 사용하자. 일반 삼각대에 거치용 스마트폰 마운트를 달아도 된다. 화면 흔들림이 없는 방송을 위한 필수품이다.

스마트폰 마운트

위아래로 각도 조절을 할 수 있는 접이식 삼각대도 유용하다. 초보자라면 3만 원대의 삼각대를 추천한다. 주의할 것은 휴대성을 고려해 너무 가벼운 제품을 고르거나, 조악한 제품을 고르는 것이다. 사소한 것이 방송의 품질을 떨어뜨린다.

마이크

스마트폰에 내장된 마이크로도 기본적인 방송 진행은 가능하다. 단, 마이크를 따로 사용하면 주변의 잡음을 줄여 주고, 소리를 또렷하게 전달할 수 있다. 특히 촬영 공간이 넓다면 마이크는 필수이다. 소리의 울림이 없고 깔끔하다. 별도의 마이크를 사용하지 않을 거라면, 목소리가 낭랑한 진행자를 섭외하고 주변 잡음을 없애는 노력을 해야 한다. 바깥에서 나는 차 소리도 시청자에게는 소음이 될 수 있다. 푸드 분야 라이브라면 마이크를 사용할 것을 권한다. 음식을 조리하는 소리, 음식을 씹는 소리 등은 시청자를 유혹하는 요소이다. 부각되어야 할 소리를 정확히 담고, 차단해야 할 소리는 정확히 차단하자.

또한, 마이크는 스마트폰의 기종에 따라 지원하는 방식과 단자에 차이가 있다. 반드시 내 기종에 호환되는 제품을 구입하자. 최근 생산되는 스마트폰은 이어폰 단자가 없이 출시되는 추세이므로, 마이크도 충전 단자 일체형의 TYPE-C 및 라이트닝 단자를 준비하는 게 바람직하다.

라이브에 적합한 마이크 종류에는 대표적으로 '스마트폰 전용 유무선 핀 마이크'와 '샷 건 마이크'가 있다. 핀 마이크는 옷에 꽂

이어폰용 라이트닝 단자   타입 C 단자

아 사용하는 소형 마이크로 소리를 깔끔하고 정확하게 송출한다. 블루투스 핀 마이크부터 스마트폰에 꽂는 일체형까지 다양하다. 무선 핀 마이크라면 물리적인 제약을 받지 않아 편리하고, 유선 핀 마이크는 성능에 제약이 없고 저렴하므로 초보자라면 사용해 볼 만하다. 최근 1인 미디어가 늘면서 스마트폰 전용 무선 마이크도 출시되고 있으나, 아직 수요가 많지는 않다. 자신에게 맞는 형태의 마이크를 선택하자.

샷 건 마이크는 총처럼 생겨서 붙은 이름으로, 건 마이크나 지향성 마이크라고 불리기도 한다. 촬영용 샷 건 마이크는 소리 수음의 방향성을 갖고 있는 경우가 많다. 일반 마이크가 360도 모든 소리를 수음하는 것과 달리, 샷 건 마이크는 촬영자가 원하는 대상과 그 주변 소리만을 선택해서 수음한다. 야외 촬영이 많다면 사용해 보자. 바람 소리 등을 줄여 주어 음성을 명료하게 전달한다.

보야 무선 마이크   A-Port 콘덴서 마이크   샷 건 마이크

방송 사고!

마이크 없이 방송하다가 마이크를 사용하게 되었다면, 반드시 라이브 모드 송출을 확인하자. 나는 라이브 모드로 송출하기를 확인했음에도 실제 방송에서 무음으로 방송한 적이 있다. 한창 말하는데 한 시청자가 "소리가 안 들려요."라고 말해 주어 알게 되었다. 부랴부랴 다시 체크하고 방송을 재개했지만, 조용히 방송을 나간 시청자가 많았다.

조명

방송의 생명은 조명이다. 특히 입었을 때의 핏이나 제품의 질감과 광택 등을 보여 주어야 하는 방송일 경우 조명은 필수이다. 분야별 조명 활용법은 다음 장에서 자세히 다루기로 하고, 기본적인 조명 설정에 대해 살펴보자.

먼저 자연광이든 LED 조명이든 무엇을 써서라도 촬영 공간 전체를 밝히자. 간혹 밤에 라이브를 하는 판매자 중에 은은한 조명 아래에서 하는 사람도 있는데, 여기에 목소리까지 조용하고 차분하면 쇼핑하러 들어온 시청자를 내쫓을 수도 있다. 소비자는 언제나 쇼핑을 즐길 수 있도록 밝고 경쾌한 분위기를 원한다.

조명 기구도 종류와 성능이 다양하다. 기본 조명으로는 빛과 색온도 조절이 가능한 조명을 구비하자. 또한 제품에 따라 노란빛의 조명이 필요할 때도 있고, 푸른빛의 조명이 필요할 때도 있으므로, 조도를 조정할 수 있는 조명도 필요하다. 화장품처럼 얼굴에 빛을 집중해 비춰야 할 경우에는 반사판을 턱 아래에 두어 부드러운 빛을 연출하고, 그림자를 없애야 한다. 스마트폰을 테이블 위에 두는 등 비교적 가까운 거리에서 촬영한다면 스마트폰을 링 안에 장착시키는 링 라이트 조명도 추천한다. 뷰티 블로거나 유튜버가 많이 사용하는 조명이다.

조명은 두 개로 양쪽에서 비추는 게 가장 좋지만 그럴 수 없다면 한 개로 피사체를 최대한 부각할 수 있도록 위치를 조정하자. 제품을 클로즈업해서 부각해야 한다면 미니 LED 조명처럼 좁은 범위를 집중도 있게 비추는 조명도 효과적이다.

링 라이트 조명   미니 조명   사각 스탠드형 조명

출처 : 유쾌한 생각 홈페이지

짐벌

　짐벌은 촬영 시 흔들림을 최소화하고 화면을 부드럽게 이어 주는 장치이다. 짐벌을 이용해 카메라를 움직이면 장면이 영화처럼 넘어가는 효과가 있어, 저렴하게 고가의 방송 장비로 촬영한 듯한 느낌을 줄 수 있다. 고정된 상황에서도 상하좌우 방향의 전환이 가능하고, 출연자의 움직임이 있어도 매우 부드럽고 자연스럽게 장면이 연출된다. 제품을 클로즈업하기 위해 카메라가 움직일 때도, 짐벌을 이용하면 화면에 떨림이 없다. 출연자들이 움직이면서 방송하는 경우라면 필수이다. 짐벌을 삼각대 위에 장착하고, 짐벌에 스마트폰을 설치하면 고정도 쉽다.

간혹, 카메라의 움직임 때문에 "어지러워요."라는 댓글을 다는 시청자도 있다. 실제로 작은 스마트폰으로 방송을 보는 시청자 입장에서는 카메라가 약간만 떨려도 어지러움을 느낄 수 있다. 짐벌을 사용해 흔들림을 최소화하는 게 좋다. 짐벌을 사용하지 않는다면 카메라를 움직이기보다 제품을 카메라 가까이에 가져가거나, 출연자가 움직임을 최소화하자.

지윤텍 스무스4 짐벌

출처: 유쾌한 생각 홈페이지

모니터

라이브는 실시간 소통이 중요하므로, 채팅창에 달리는 문의 사항과 화면에 비친 진행자의 모습을 체크할 수 있는 대형 모니터가 있으면 좋다. 나도 처음에는 카메라가 가까이 있다는 걸 잊은 채

움직이며 방송하다 보니 화면 밖으로 나가는 일이 종종 있었다. 모니터의 위치는 진행자의 측면보다 카메라 바로 뒤나 살짝 옆에 두어 화면상으로 진행자의 시선이 정면을 향하게 하는 게 바람직하다. 모니터가 있으면 스태프가 진행자에게 전달 사항과 요구 사항을 알리기에도 편하다. 종이에 써서 알릴 수도 있지만, 이렇게 하면 진행자 입장에서는 시선을 돌릴 수밖에 없다. 그러나 모니터를 설치하면, 직원이 센스 있게 메모 창을 띄워 "중앙에 서 주세요.", "질문에 응해 주세요."와 같은 요청을 할 수 있다. 사소한 것이 방송을 자연스럽게 만든다. 나에게 촬영에 필요한 필수 장비를 꼽으라면 모니터를 꼽을 것이다.

모니터가 설치된 촬영장 모습

실시간으로 채팅창을 확인하고,
메시지를 전달할 수 있다.

나에게 맞는 방송 촬영의 기술

앞서 라이브 커머스에 필요한 방송 장비를 살펴보았다. 그러나 방송 장비는 각자의 상황에 따라 더 필요할 수도 있고, 아닐 수도 있다. 방송을 어떻게 진행하고, 어떤 콘텐츠를 다루느냐에 따라 다를 것이다. 라이브 커머스도 1인 방송부터 전문 스튜디오 방송, 현장 방송 등 다양하다. 이를 진행자와 시청자와의 소통으로 이루어지는 기본형, 촬영 담당이 따로 있는 중급형, 보조 스태프까지 동반한 고급형으로 분류해 필요한 장비를 설명하겠다.

기본형

- 필요 인원: 진행자
- 필요 장비: 스마트폰, 삼각대, 조명, 여분의 모바일 기기

1인 방송은 스마트폰과 삼각대만 있어도 충분하다. 라이브 커머스는 정기적으로 지속해서 방송하는 것이 가장 중요하므로, 1인 방송이라면 일주일에 한두 번이라도 일정 시간에 방송해서 단골을 모으는 데에 집중해야 한다. 매번 스튜디오를 빌리고 방송 장비를 대여할 수는 없다. 나도 기획전 같은 방송을 할 때나 스튜

디오를 이용하지 평소에는 사무실 한쪽을 작은 스튜디오처럼 꾸며 방송하는 편이다.

집이나 매장에서 방송할 경우, 형광등이 상품을 부각하지 못한다면 별도의 조명이 필요하며, 당연히 한 개보다 두 개가 좋다. 그리고 촬영해 줄 인력이 없으므로 카메라는 고정하고, 제품을 카메라 가까이에 가져가며 방송하자. 카메라와의 거리는 가까운 게 좋다. 또한, 채팅창에 올라오는 글을 보며 답해야 하므로 여분의 모바일 기기가 있으면 좋고, 그렇지 않으면 촬영용 스마트폰을 가까이 가지고 와 실시간 채팅에 응답하자.

집은 스튜디오보다 공간이 작으므로 마이크가 없어도 소리가 울리지 않는다. 그리고 매장에서 방송할 경우에는 움직임이 많으므로 높이 조절용 삼각대가 필요하다. 특히 의류를 판매한다면 전신 샷도 찍어야 한다. 이도 여의치 않다면, 작은 테이블에 제품을 세팅하고 카메라를 테이블 위나 앞에 설치하자. 카메라가 판매자의 눈높이 맞고, 제품만 들어오는 앵글이라면 충분하다.

사장의 리얼 팁!

1인 방송의 경우 생각보다 준비할 게 많아요. 초보자라면 되도록 움직임이 없고, 구성이 단순한 것이 좋습니다. 소개할 제품을 미리 구성별로 세팅해 두세요. 저는 혼자 방송하면서 각종 이벤트를 넣는 등 큰 규모로 기획했다가 진땀을 뺀 적이 있어요. 능숙한 방송 스태프가 없다면 다양한 퍼포먼스를 보여 주기보다 시청자 한 분 한 분에게 제품을 상세히 소개하고, 진정성 있게 소통하는 모습을 보여 주는 게 좋습니다.

중급형

- 필요 인원: 진행자 1~2인, 촬영 담당자, 채팅 관리자
- 필요 장비: 스마트폰, 삼각대, 조명, 여분의 모바일 기기나 모니터, 짐벌, 마이크

함께할 사람이 세 명이면 가장 좋다. 진행자는 한 명보다는 두 명이 진행에 재미를 줄 수 있으며, 입담이 좋은 파트너라면 금상첨화이다. 촬영 담당자가 있으면 활동 범위가 넓어지고, 생동감 있는 연출이 가능하다. 마이크는 필수는 아니지만, 카메라와 진행자의 거리가 멀거나 공간이 넓다면 마련하자. 촬영 담당자의 역할은

방송의 포인트를 짚는 것이다. 진행자 한 명이 완성된 요리를 시식하고, 다른 한 명이 음식을 설명할 경우 촬영 담당자는 먹는 장면을 클로즈업해서 포인트를 짚어 줄 수 있다. 요리를 시연한다면 맛깔나는 장면을 연출하기 위해 보글보글 끓는 소리와 식재료의 질감을 보여 줄 수도 있을 것이다. 설명만으로는 부족한 부분을 오감으로 느낄 수 있도록 최대한 연출하는 게 촬영 담당자의 역할이다. 이렇게 해야 중간에 들어오는 시청자도 붙잡아 둘 수 있다. 제품에 대한 설명과 시연이 끝나고 채팅창으로 고객과 소통하는 시간이라면, 촬영 담당자는 센스 있게 제품을 클로즈업해 다시 어떤 제품을 파는지 인지시킨다. 짐벌을 사용하면 더 자연스럽다.

채팅 관리자는 채팅창에 올라온 글 중 중요한 내용을 공지로 올려 주는 역할을 한다. 이벤트나 할인율, 주요 정보를 공지로 올리면 나중에 들어온 시청자도 제품에 대한 정보를 알 수 있다. 빠른 댓글과 오타를 방지하기 위해 노트북으로 작업하는 게 유리하며, 반드시 현장에 있을 필요는 없다. 상황이 여의치 않으면 제품에 대해 잘 아는 사람이 다른 공간에서 응대해도 되니 적당한 사람을 찾아 보자. 촬영 담당자가 채팅창까지 관리하는 경우도 많다.

고급형

- 필요 인원: 진행자 2인, 촬영 담당자, 채팅 관리자, 스태프
- 필요 장비: 스마트폰, 삼각대, 조명, 여분의 모바일 기기나 모니터, 여분의 미니 조명, 마이크, 짐벌, 각종 촬영용 소품

방송 규모가 큰 경우, 진행자 한 명이 한 시간 이상의 방송을 진행하에는 무리가 있으므로 두 명이 좋다. 흥을 돋우기에도 좋고, 서로 짧은 말을 주고받으며 방송의 재미를 줄 수 있다. 메인 진행자와 보조 진행자의 구성도 좋다. 특히 주방용품의 경우, 이를 활용해 다양한 요리를 보여 주어야 하는데, 혼자 요리를 하고 설명하는 건 비효율적이다. 스태프에게 다른 공간에서 요리해 적절한 타이밍에 가져오도록 하자. 진행자를 이를 받아서 시식하는 장면을 연출하고, 촬영 담당자는 요리에 미니 조명을 비추고 클로즈업하면 된다.

또한, 방송하다 보면 상품이나 이벤트 추가 등록을 하거나 필터를 바꿔야 하는 등 기기를 조작해야 하는 경우가 생긴다. 만약, 기기를 잘 다루는 사람이 있다면 송출 전반을 관리하도록 하는 것도 좋다.

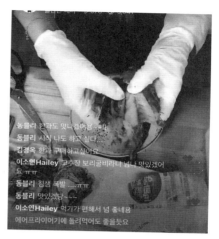

제품을 카메라
앞에 대는 장면

제품 손질 장면 클로즈업

라이브 커머스는 1인 방송이 적당하다. 그러나 효율적이고 체계적인 운영이 필요하다면 중급형에 해당하는 2~3인이 가장 효율적이며, 비용이 넉넉하다면 진행자와 능숙한 촬영 담당자, 채팅 관리자가 있으면 좋다. 1인 방송으로 처음부터 완벽한 방송을 꾸릴 수는 없다. 차근차근 혼자 해 보며 전반적인 과정을 익히고, 주의사항을 파악해 본 뒤 인원을 늘려나갈 것을 권한다.

사장의 리얼 팁!

라이브 커머스를 진행하며 가장 중요한 사람을 꼽으라면 저는 당장 촬영 담당자에게 달려갈 거예요. 방송 진행을 혼자 할 때 가장 어려웠던 부분이 촬영이었거든요. 특히 저는 식품 판매자라 클로즈업이 필요한 상황이 많았는데, 아쉬웠어요. 촬영 담당자가 있으니 말하지 않아도 척척 클로즈업을 해 주고, 먹는 소리를 부각해 주었죠. 방송의 질이 좋아졌음은 물론이에요! 잘 찍는 촬영 담당자 열 스태프 안 부럽지요. 촬영 담당자가 꼭 전문가일 필요는 없습니다. 전문 장비로 찍는 게 아니므로 일반인도 몇 번 찍다 보면 요령이 생긴답니다.

05

준비된
라이브 커머스 에이전시

내 제품을 내가 판매하는 라이브 방송을 진행하자, 나에게 쇼호스트를 제안하는 판매자가 생겼다. 그러나 당시 나는 전문 쇼호스트가 아니었기에 정중히 거절하고 다른 쇼호스트를 소개해 주었다. 이렇게 판매할 제품도 준비되어 있고, 콘셉트도 다 짜 놓았는데 방송을 진행해 줄 사람을 어디에서 구해야 할지 모르는 판매자가 많다. 그리고 이제는 라이브 커머스 시장이 뜨거워지며, 검색창에 관련 검색어만 입력해도 라이브 커머스 제작사와 쇼호스트 에이전시가 뜬다. 그러나 판매자 입장에서는 바쁜 시간을 쪼개 업체에 견적을 받고 비교하는 것도 힘들고, 방송 횟수가 많은 업체는 비싸고, 저렴하면 믿음이 안 가는 문제에 봉착한다.

그렇다면 우리는 어떤 업체를 선택해야 할까? 기획부터 운영, 장비 대여, 적절한 진행자와 스튜디오 섭외까지 라이브 커머스의 모든 것을 책임지는 에이전시! 이 장에서는 그들이 하는 일과 효과적으로 섭외하는 법을 알려 주고자 한다.

라이브 커머스 제작사

고품질의 방송을 원한다면 라이브 커머스 제작사를 이용하는 것도 방법이다. 개인 방송과는 확연히 다르다. 라이브 커머스 제작사는 기본적으로 '판매 상품의 타깃에 맞춘 콘셉트 설정, 시나리오 작성 등 방송 전체를 기획'한다. 그러나 전체를 일임하고 손을 떼는 것은 금물이다. 내 제품에 대한 판매 소구점은 판매자인 당신이 가장 잘 알 것이다. 타깃, 제품의 특징과 장점, 타사 제품과의 차별점, 제품의 사용법 등의 정보를 에이전시에 정확하고 상세하게 전달하자.

제작사는 많은 쇼호스트와 인플루언서와 계약되어 있어 콘셉트에 맞는 적절한 진행자를 매칭해 판매를 극대화시키는 역할도 한다. 여기에 장소 섭외와 촬영 기획, 방송 시작 전 시청자를 끌어모으기 위한 마케팅과 사후 관리까지 들어간다. 라이브 커머스의 시장성을 생각하면, 방송 제작사뿐 아니라 에이전시와 스튜디오가 급격히 늘어나는 건 당연하다. 그러므로 나와 잘 맞는 곳을 선택하기 위해서는 라이브 커머스 제작의 생태를 알고, 필요한 부분을 요구할 수 있어야 한다. 쇼호스트만 필요하다면 앞서 언급한 분야별 쇼호스트의 자질을 알아 두고 업체에 의뢰하는 게 좋고, SNS 등을 활용해 개인에 섭외해도 괜찮다.

제작사가 하는 일

방송 제품 선정 및 구성

단독 제품을 판매할 수도 있고 세트로 구성할 수도 있다. 라이브 방송만의 혜택을 주기 위해 방송용 구성을 정하고 할인 혜택을 주면 구매 전환율도 높다. 나는 라이브 시 손질 꽂게 2팩과 소스를 한 묶음으로 구성해 판매했다. 한 팩으로 낱개 구매도 가능하지만, 소스가 들어간 구성의 매출이 훨씬 높았다.

타깃 분석

가장 중요한 과정이다. 타깃이 구체적일수록 콘셉트가 명확해지므로 제작사에서도 가장 신경 쓰는 부분이다. 타깃에 따라 방송 콘셉트, 방송 시간대, 진행자 선정이 이루어지므로, 구매 고객을 예측한 자료가 있다면 제작사에 전달하자.

콘셉트 정하기

음식을 판매한다면 어떤 요리를 할지, 오락성을 부각할지 정보성을 부각할지, 어디에서 촬영할지 등을 타깃에 맞춰 기획한다. 특별히 원하는 장소가 있거나, 촬영 장소를 제공할 수 있으면 알리자. 촬영 장소를 제공할 수 있으면 비용을 아낄 수 있다. 물론, 촬영 장소가 지방이나 산지라면 출장비가 추가로 발생할 수 있다. 또한, 산지 제품일 경우 생생한 수확 과정을 보여 주면서 신뢰감을 줄 수 있지만, 제조 과정의 노하우가 노출될 수 있으므로 원치 않는다면 조율해야 한다. 제작사는 기획이 끝나면 방송 제목과 일정, 구매 혜택, 진행 방식, 진행 내용 등을 포함한 기획서를 보내올 것이다. 방송 전에는 수정이 가능하므로 기획서를 꼼꼼히 검토하자.

진행자 선정

콘셉트가 정해지면 제작사는 방송의 효과를 극대화할 정예군단을 꾸릴 것이다. 당연히 진행자가 가장 중요하다. 방송의 콘셉트에 맞는 진행자를 선정하자. 신뢰감을 주기 위해 판매자나 내부 직원이 함께하는 것도 좋으니 고려하길 바란다.

시나리오 작성

모은 자료에 전문가의 의견을 더한 방송 시나리오가 작성된다.

판매자가 관여하여 회사의 콘셉트에 맞춰 여러 차례 수정이 가해지기도 하는데, 제품이 확실히 드러나도록 세밀히 체크하자. 제작사에서 제품과 판매 현황, 동일군의 제품을 분석한다고 해도 판매자가 개입해 팁을 제공하는 게 좋다.

촬영 장소 섭외, 소품 설정

촬영 장소는 보통 제작사가 자체 보유한 스튜디오나 협력업체에서 제공하는 스튜디오를 이용한다. 물론, 제품에 따라 다양한 제품을 볼 수 있는 판매자 소유의 전시장이나 매장에서 촬영할 수도 있고, 산지에서 촬영하거나, 스포츠용품의 경우에는 직접 낚시나 등산을 하며 촬영할 수도 있다. 이렇게 하면 인기가 높다. 소품이란 상품 구성을 한눈에 볼 수 있는 피켓과 오락성을 더할 이름표 등을 말한다. 간혹 소개하는 제품과 관련한 모자를 쓴다거나 파자마, 의사 가운 등을 준비해야 할 수도 있다.

방송 홍보

방송 예약 URL을 배포해 방송을 홍보한다. 제작사 내부 데이터베이스를 통해 타깃 고객에게 홍보하는데, 진행자가 인플루언서일 경우 그들의 SNS 계정을 활용할 수 있어 유용하다. 그렇다고 제작사에 일임하는 건 금물이다. 가장 직접적인 타깃 고객은 내 제품에 댓글을 달고 홍보까지 해 주는 시청자이다. 초반에 방송을 시끌벅적하게 만들기 위해서는 내 제품에 열광하는 팬 열 명 정도를 확보해 그들이 방송 분위기를 이끌게 하자. 처음 온 신청자도 분위기에 이끌려 끝까지 시청하고 동참할 것이다.

방송 장비 점검

제작사는 카메라 앵글과 소리의 송출 여부를 체크한다. 특히 마이크는 잘못 만지면 소리가 아예 송출되지 않을 수 있으니 꼼꼼히 체크하자.

리허설

리허설은 보통 방송 이틀 전이나 방송 몇 시간 전에 이루어진다. 판매자는 상품의 특징과 장점 중에 빠진 사항은 없는지, 강조할 부분이 잘 강조되었는지 체크해야 한다. 제작사는 방송의 진행 과정과 동선, 순서, 소품 등을 꼼꼼하게 체크할 것이다. 매출에 직접적인 영향을 주는 것은 제품이므로 제작사가 파악하지 못한 부분이 있다면 적극적으로 알리고 체크하자.

수정

리허설을 통해 어색한 부분과 보완할 부분을 수정하자. 제품을 부각할 수 있는 사안이 있다면 놓치지 않아야 한다. 일반인은 모르지만 전문가의 눈에 띄는 부분도 많다. 반드시 조율과 수정을 해 완성도를 높여야 한다.

본방송

이제 본방송이다. 기획하고 수정한 대로 방송을 진행하게 된다. 실시간 올라오는 댓글에는 진행자가 반응하되, 제품의 상태나 혜택에 대한 질문에는 판매 권한을 가진 판매자가 직접 댓글을 다는 게 좋다.

사후 관리

사후 관리란 방송 매출과 성과를 분석하는 일이다. 방송 노하우를 쌓기 위해 반드시 거쳐야 하는 단계이므로 꼼꼼히 체크해야 한다. 가장 중요한 자료가 되는 것은 빅데이터 등을 활용해 분석한 데이터이다. 이를 체크해 다음 방송 전략을 짜자.

이 모든 일을 제작사에 일임할 수도 있고, 필요한 부분만 맡길 수도 있다. 자체적으로 해결할 수 있는 부분과 제작사에 의뢰할 부분을 나누어 체크리스트를 만들어 두면, 이중으로 지출되는 비용을 줄일 수 있다.

초보자를 위한 팁

요즘은 라이브 커머스가 마케팅의 큰 부분을 차지해, 소상공인 지원 분야가 많다. 소상공인 관련 단체나 지자체가 라이브 커머스 플랫폼과 손잡고 소상공인을 지원하고 온라인 유통에 힘쓰는 경우가 많으니, 관련 사업을 꼼꼼히 살피자. 중소기업유통센터와 지자체의 마케팅 지원사업을 둘러보면 기회를 잡을 수도 있다.

쇼호스트 에이전시

프리랜스 쇼호스트도 많다. 경력이 많을수록 다양한 상품 판매에 능하고, 방송 전반은 아니어도 기획이나 콘셉트를 잡는 데는 베테랑이다. 쇼호스트만 잘 섭외해도 콘셉트 잡기가 수월한 것이다. 프리랜스 쇼호스트는 보통 블로그나 SNS로 자신을 홍보하며 영역을 넓힌다. 콘셉트를 의논하고 싶다면 경력이 있는 쇼호스트를 섭외하자. 반면, 콘셉트 설정에 끝나고 판매만 도와줄 모바일 호스트가 필요하다면 에이전시를 이용하거나, 인플루언서를 알아보는 것도 좋다. 인플루언서는 팬이 있어서 이들을 시청자로 유입시킬 수 있다. 인플루언서의 경우, 개인 SNS를 보며 타깃과 콘셉트를 유추하고, 포트폴리오를 요구해 섭외하면 된다.

지금이 당신이 할 일은? 방송을 의뢰할 업체를 선정하고, 성과를 낼 수 있도록 적극적으로 참여하는 일이다. 초보자라면 제작사를 섭외해 명확히 할 일을 나누고, 어느 정도 틀이 마련되어 있다면 방송을 200% 충족할 수 있는 진행자를 섭외하라.

PART
4

라이브 커머스로 매출 200% 올리기

01

잘 팔리는 공간 만들기

보이는 것의 중요성

세일즈에 있어 가장 중요한 건 당연히 '상품'이다. 그 외의 모든 것은 상품을 돋보이게 하기 위한 기능적 요인일 뿐이며, 그중 하나가 상품이 놓이는 공간이다.

오프라인 매장은 고객에게 보이는 모든 것을 관리한다. 쇼윈도부터 내장의 내부와 외부, 구석에 있는 창고까지 말이다. 또한, 시각적 요인뿐 아니라 향기, 음악까지 연출해 고객의 오감을 만족시키기 위해 노력한다. 반면, 라이브 커머스는 작은 모바일 화면에 담기는 앵글에 고객의 취향을 저격하는 게 관건이다. 마케팅의 대가 필립 코틀러는 "소비자의 최종 구매 결정에 가장 큰 영향력을 행사하는 요인은 쇼핑 공간에서의 경험이다."라고 말한다. 공간이 친숙하고 즐거움을 줄 때 쇼핑 시간이 늘고, 상품에 대한 호감을 불러일으킨다는 것을 명심하자. 그리고 당신은 모바일 속 작은 공간을 오직 시각과 청각으로 시청자의 마음을 사로잡아야 한다.

우선 당신의 판매처를 친숙한 공간으로 만들자. 동네 반찬가게에 들른 기분, 쇼핑 상가의 액세서리 숍에 들른 기분, 내 식탁에서 밥을 먹는 기분이 들게끔 말이다. 그곳이 바로 '스튜디오'이다. 가심비(가격 대비 심리적 만족감)를 중시하는 요즘 사람들은 예쁘게 포장되고 잘 다듬어진 상품이 아니라 날것을 원한다. 이들은 공장에서의 생산 과정을 보고 싶어 하고, 청정해역임을 눈으로 확인하고 싶어 하며, 그곳에서 나온 제품을 바로 배송받고 싶어 한다. 생생하게 보여 주면 시청자들은 신나게 쇼핑을 즐길 것이다.

상품을 돋보이게 하는 공간

자, 그렇다면 당신은 어디에서 라이브를 할 것인가? 당신의 매장이나 집? 혹은 주방? 어디를 방송용 공간으로 꾸밀 것인가.

Less is more

상품은 간결할수록 눈에 잘 띈다. '스킨 푸드' 매장에 들어가면 다른 로드 숍 매장과는 다른 느낌이 들었다. 이유를 몰라 한참 생각하다가 발견한 것이 매장 내 POP 광고의 부재였다. 담백한 색상과 일정한 톤의 상품 패키지가 정갈하게 놓인 진열대는 스킨 푸드의 자연주의 콘셉트와 잘 맞았다. 실내를 POP 광고 하나 없이 하얀색을 기본색으로 해 간결하고 깔끔하게 연출한 게 기분이 좋았다. 즉, 이제는 상품을 조금이라도 돋보이게 하려고 만들던 POP 광고는 식상한 마케팅 전략이 되어 버렸다. 당신도 현란한 홍보 문구나 광고판 없이 고객의 시선을 사로잡을 수 있다. 특히 조명을 활용하면 말이다.

카메라 앵글에 들어오는 공간은 한정적이다. 당신의 집이나 매장에서 가장 깨끗한 벽을 찾자. 그 앞에 테이블을 놓고 상품과 진행자로만 화면을 꽉 채우면 충분하다. 물론, 의상을 판매한다면 옷을 착용한 전신 샷을 보여 주어야 하므로 조금 더 넓은 공간이 필요할 것이다.

루브르 박물관에는 유독 넓은 빈 공간에 홀로 걸린 그림이 있다. 바로 〈모나리자〉이다. 빈 벽에 걸린 딱 한 점의 그림에 사람들은 몰입한다. 즉, 상품을 돋보이게 하고 싶다면, 비워야 한다.

테이블 디스플레이

깨끗한 벽을 찾았으면 그 앞에 테이블을 놓고, 테이블 위에 시연할 제품과 판매할 제품을 세팅하자. 제품을 돋보이게 할 배경 요소가 있다면 함께 올리는 것도 좋다. 예를 들어, 체리를 착즙해 만든 '타트 체리'를 판매한다면, 예쁜 그릇에 담은 생 체리를 올리자. 상품 이해를 도울 수 있다. 조리 도구나 주방기기를 판매한다면 해당 제품으로 할 수 있는 요리를 테이블 위에 세팅하면 좋다. 시작할 때 한 번 보여 주었던 피켓을 둘 데가 마땅치 않다면, 시청자의 시선이 머무는 곳에 두자. 카메라 앵글의 가장자리나 측면도 괜찮다.

브랜드 네임에 어울리는
콘셉트의 테이블 세팅

무엇을 판매하는지 한눈에
보이는 테이블 세팅

출처: 태병원 PD

제품의 재료와 할인 혜택을
안내하는 세팅

제품과 어울리는
콘셉트의 세팅

　라이브 커머스에서 테이블은 쇼윈도이다. 오프라인 매장의 쇼
윈도는 매장을 지나는 시간만큼 눈길을 받을 수 있지만, 화면을
좌우로 넘기면 다음 방송으로 넘어가는 라이브 커머스 세계에서
고객의 눈길을 받을 수 있는 시간은 1초이다. 진행자의 입담과 흥
이 넘치는 진행을 보지 않아도 시선을 잡아 둘 수 있어야 한다.
가끔 화면에 상품은 보이지 않고, 진행자의 얼굴로만 화면을 가
득 메운 방송을 볼 때가 있다. 시선을 위로 살짝만 올리면 제품명
을 확인할 수 있을지 몰라도 그렇게까지 하는 시청자는 드물다.
구매자가 될 수도 있는 시청자를 놓치는 안타까운 상황이다. 제품
의 전체 모습, 제품을 활용한 장면, 상품 구성을 보여 주는 피켓이
시청자의 눈을 벗어나서는 안 된다.

　반대로 테이블에 놓인 것이 많아 무엇을 판매하는지 알 수 없

는 경우도 있다. 나도 이런 실수를 한 적이 있다. 요리 시연 때문에 깔끔했던 테이블이 난장판이 된 것이다. 때마침 방송을 보고 계셨던 거래처 사장님이 귀띔해 주셔서 알았다. "내가 익숙하지가 않아서 그런지는 모르겠는데, 방송 마지막에는 계속 드시기만 하고, 뭘 보여 주려고 하는지 모르겠더라고요." 정말 고맙고도 창피한 피드백이었다. 지인이 이렇게 느낄 정도면 지나가다 들른 시청자는 어땠을까. 식재료가 널브러져 있고, 먹다 남은 음식만 남은 쇼윈도를 보면서 고개를 돌렸을지도 모르겠다.

방송 사고!

앵글에는 여백의 미가 필요하다. 송출 화면을 보면 스마트폰 위로는 방송 제목이 고정되고, 아래로는 댓글이 쉴 새 없이 올라온다. 제품과 진행자를 화면에 꽉 차게 잡으면 진행자와 제품이 글에 가려 잘 안 보이게 될 것이다. 스치는 시청자가 많은 라이브 커머스 특성상 제품이 잘 안 보이는 건 치명적 실수이다.

댓글이 상품을 가리고 있다.

제목이 진행자의 눈을 가리고 있다.

조명과 색의 마술

시각은 인간이 정보를 받아들이는 능력의 87%를 점하고 있다. 셀프카메라를 찍을 때 가장 예쁘게 나오는 공간을 꼽으라면 백화점과 호텔 화장실이다. 은은한 노란빛에 피부의 결점을 커버해 주는 밝기의 조명은 화면 속의 당신을 화사하게 해 줄 뿐 아니라, 편안하게 느끼게 한다. 반면, 사무실이나 경쾌한 분위기의 캐주얼 레스토랑의 환한 조명은 약간의 긴장감마저 돌게 한다. 라이브는 실시간이다. 시청자의 마음을 급박하게 해서 구매를 촉진하고 싶다면 기본적으로 전체 조명이 밝아야 한다. 조명의 색에 따라서도 따뜻하고 차분한 방송을 연출할 수도 있고, 활기 있고 빠르게 진행되는 방송을 연출할 수도 있다. 패션 제품을 판매한다면 전체적으로 노란빛이 도는 조명으로 진행자와 모델을 예뻐 보이게 하는 게 바람직하다.

보통 3,000k를 전구색이라 하고, 4,000k는 주광색, 5,000 ~6,500k를 주백색이라고 한다. 편안하고 차분한 분위기를 연출하는 곳은 전구색 조명을 사용하고, 일반 가정집은 주광색을 제일 많이 사용한다.

의류를 판매한다면 5,700k 정도의 주백색이 가장 좋다. 의류 매장 대부분이 조명이 밝은 이유이다. 매장에서 방송할 경우에는 전체 조명을 다 켜고, 모델을 향해서는 한두 개의 조명만 켜면 무리가 없다. 또한, 보석이나 액세서리류는 어두운 배경에 두고 스포트라이트를 켜는 경우가 많다. 살짝 눈이 부시다고 느낄 수 있는 6,000k 정도로 조도를 조정하면 반짝이기 때문이다. 화려함에 끌리는 욕망을 자극하기에 충분하다. 음식은 따뜻한 빛을 받을 때 가장 맛있어 보인다. 음식 사진에 필터를 넣을 때 노란빛을 넣어 보면 알 것이다. 반면, 푸른빛이 감도는 주광색 아래에 음식을 놓으면 식욕이 떨어진다. 가전제품이나 전자기기는 이성을 자극해야 하므로 형광백색의 조명을 사용한다. 백화점이나 마트의 전자제품 매장을 가 보면 알 수 있다. 화장품을 포함한 뷰티 제품은 '저 제품을 쓰면 나도 저렇게 되겠구나!'라는 기대감을 주어야 하므로, 잡티까지 다 보이는 환한 형광백색의 조명보다 은은하고 부드러워 보이는 3,500k 정도의 주광색이 적당하다. 요즘 나오는 조명은 밝기뿐 아니라 조도도 조절할 수 있다. 활용해 보자.

조명과 함께 제품을 돋보이게 하는 것이 색이다. 벽과 테이블의 색, 진행자의 의상 색이 전체적인 느낌을 좌우할 수 있다. 그렇다면 어떤 색을 써야 할까? 일반적으로 파란색은 하늘과 바다를 연상하게 하며 신선하고 신뢰감을 주는 색이다. 그래서 금융 회사

같은 신뢰감을 주어야 하는 회사에서 주로 사용한다. 만약 감성을 자극해야 하는 음식이나 화장품, 의류에서 파란색을 주요 색상으로 사용한다면? 긴장감이 느껴지고, 식욕이 떨어지며, 화장품의 성분을 분석해야 할 것 같은 느낌이 들 것이다. 노란색은 명랑하고 기쁨을 느끼게 하는 색이다. 발랄함을 강조해야 하는 키즈 용품을 소개할 때 주로 사용한다. 녹색은 자연과 건강함, 평화와 휴식의 느낌을 주는 색이다. 건강식품을 판매할 때 녹색을 포인트로 넣으면 좋다. 이처럼 색이 주는 분위기와 심리를 이용해서 제품을 디스플레이하면 유용하다.

카카오 쇼핑라이브는 제품을 부각하기 위한 색을 잘 활용한다. 흰색과 회색의 전자제품을 소개할 때를 보면, 흰색 제품은 어두운색 의상을 입은 쇼호스트가 소개하고, 회색 제품은 상아색 의상을 입은 쇼호스트가 소개하는 것이 인상적이었다. 여기에 노란색의 가전제품을 소개하기 위해 노란색의 보색인 감색 커튼을 배경으로 한 것도 감각적이었다. 이처럼 제품과의 조화를 위한 톤&매너나 제품을 돋보이게 하기 위한 색의 선택은 소비자의 감성을 자극하기에 충분하다.

고객의 시선

우리는 꽤 논리적이고 합리적으로 소비 생활을 한다고 생각하지만, 사실은 판매자가 짜 놓은 각본에 의해 움직이는 경우가 많다. 정확한 데이터로 산출된 소비자의 행동 패턴이 기업의 매출 상승에 큰 영향을 미치기 때문에, 판매 기획자는 소비자의 패턴을 분석하는 데에 수고를 아끼지 않는다. 대형 마트에서 고객의 심리를 이용해 매출을 극대화하는 방법을 라이브 커머스에도 적용해 보자.

신선함으로 시선을 잡아라

대형 마트의 입구를 떠올려 보자. 마트의 입구는 보통 오른쪽 끝에 있다. 입구에 들어서자마자 보이는 것은 아마 수북이 쌓인 가지각색의 과일과 채소일 것이다. 이렇게 시작된 우리의 쇼핑은 시계 반대 방향으로 돌아서 매장의 왼쪽 끝에 위치한 출구에서 끝난다. 그냥 이렇게 설계된 것이 아니다. 마트의 진열은 사람의 행동 패턴을 분석한 과학이 들어 있다.

입구에 가지각색의 신선한 과일과 채소를 쌓는 이유는 신선함에 대한 이미지가 인간의 기분을 좋게 하는 엔도르핀을 분비시켜 구매욕을 일으키기고, 계절의 변화를 느낄 수 있게 함으로써 새로운 상품에 대한 기대감을 자극하기 때문이다. 이렇게 높이 쌓인 과일과 채소를 보고난 뒤에는 낮은 진열대들로 매장 전체가 훤히 보이는 장면이다. 사람들은 앞으로의 동선을 짜며 쇼핑을 서두를 것이다.

모바일 화면도 마찬가지이다. 방송을 켠 순간 들어오는 수북이 쌓인 신선한 과일과 먹음직스러운 음식이 보인다면? 일단 시선을 고정시키는 데는 성공했다. 과일과 채소를 판매한다면 분무기로 물을 뿌려 더 신선하게 보이도록 하면 좋을 것이다. 수산물이라면, 고객의 시선이 머무는 어느 지점에 파란 비닐 위에 얼음을 수북이 깔고 신선한 수산물을 투명 유리 접시에 올리자. 수산물의 신선함을 돋보이게 하는 데 효과적이다.

시선의 이동과 시선이 머무는 곳

사람의 시선은 왼쪽에서 오른쪽으로 이동한다. 매대 앞이라면 왼쪽에서 오른쪽으로 진열된 상품을 훑는다. 그리고 이때 시선이 고정되는 곳은 오른쪽이다. 마트가 오른쪽에 고가의 상품을 진열하는 이유이다. 우리의 테이블도 이 법칙에 따라야 한다. 시청자의 시선에 맞춰 오른쪽에 주요 상품을 놓고, 왼쪽에는 피켓 같은 소품을 놓는 것이다. 구성품이나 판매하는 상품이 많다면, 오른쪽에 메인 상품을 놓아 유혹하면 좋다.

그리고 사람의 시선은 정면이 아닌, 자신의 눈높이에서 약간 아래에 시선이 먼저 닿는다. 매장의 진열대로 보면, 진열대의 3~4층 칸 높이에서 약 15도 아래의 위치이다. 익숙한 것에 끌리는 법이다. 이러한 시선의 이동과 시선이 머무는 곳을 유념하고 카메라의 앵글을 잡자. 정면이 아닌 15도 위에서 앵글을 잡는 게 자연스럽고, 상품이 잘 부각된다.

고객의 상상력을 자극하라

마트의 진열을 살피면 재미있는 점이 있다. 채소 코너에 요리책이 진열되고, 라면이 수북이 쌓인 곳에 양은 냄비가 진열되고, 유제품 코너 중간에 시리얼이 진열된 것을 본 적이 있는가? 언뜻 보면 조화롭지 않아 보이지만, 사실 매출이 상승하는 지점이다. 채소를 고르면서 채소 요리법을 다양하게 알지 못해 주저하는 사람이라면 요리책을 집어 들 것이다. 요리책을 보며 지금보다 다양하게 채소 요리를 해 식구들에게 먹이고 싶은 주부의 마음을 위한 진열이라 볼 수 있다. 라면을 집으며 어릴 때 먹던 양은 냄비에 라면을 끓여 먹고 싶은 마음, 우유를 사면서 내일 아침에는 간단하게 시리얼을 먹겠다고 생각하는 마음을 자극하는 진열인 셈이다.

라이브 커머스에서는 이를 어떻게 이용할까? 텐트를 판매하는 방송이라면 판매 목록에 숯과 돗자리, 버너, 캠핑 의자를 함께 올리자. 텐트를 살 목적으로 방송을 보다가 진행자가 앉아 있는 캠핑 의자가 눈에 들어오면 자연스럽게 함께 장바구니에 넣을 것이다. 니트와 스커트를 판매한다면 잘 어울리는 양말과 가방을 올려 두자. 만약 니트가 4만 7천 원인데, 5만 원 이상 무료배송이라고 하면 사람들은 양말 정도는 가볍게 장바구니에 담을 것이다. 판매하는 제품과 잘 어울리는 제품을 함께 구성하자. 분명히 그 둘의 조합을 상상하며 기분 좋게 장바구니에 담는 시청자가 있다.

제품을 돋보이게 하는 소품

제품을 돋보이게 하기 위해서 어떤 소품이 필요할까? 사실 소품은 없어도 티가 나지는 않는다. 그러나 있으면 매출이 상승하는 법이다.

피켓

피켓이란 고객이 꼭 알아야 할 내용을 적은 판을 말한다. 제품과 구성품, 가격, 혜택 등을 표시하며, 피켓이 노출되어야 중간에 들어온 시청자도 무엇을 판매하는지, 혜택과 할인율은 얼마나 되는지를 단번에 알 수 있다. 쇼핑 라이브를 선호하는 소비자는 큰 할인율과 혜택을 원한다. 파격적 혜택을 제시해 지금 사지 않으면 후회할 것 같게 만들고 싶다면 반드시 피켓을 제작해 방송 내내 노출하자.

피켓은 파워포인트나 포토샵으로 디자인해 업체에 의뢰하면 쉽게 주문 제작할 수 있다. 직접 디자인하기 힘들면, 처음에만 업체에 맡기고 나중에는 업체에서 받은 원본 파일에 글자만 수정해서 사용하면 된다. 또한, 손잡이형으로 제작해도 되고 판형으로 제작해도 되며, 피켓 뒷면에 피켓의 내용을 살짝 적어 두고 실수 없이 노출하자.

피켓 제작 팁

- 크몽이나 숨고 등의 재능 판매 사이트를 이용해 디자이너를 섭외해도 되고, 인터넷에 검색해 알맞은 업체를 선정해도 된다. 피켓에는 '구성품, 가격, 방송 중 혜택, 방송 중 이벤트'를 반드시 기입하도록 한다.

이름표

필수 소품은 아니지만, 진행자의 닉네임을 적은 깜찍한 이름표가 있으면 방송에 재미를 줄 수 있다. 진행자들끼리 닉네임으로 부르며 방송하면 시청자도 친숙하게 느끼고, 채팅창도 더 활발하다.

이름표 주문 팁

- 인터넷에 '글리터 네임태그'를 검색해 적당한 업체를 찾는다.
- 기본이 4,500원 선이며, 글자 수나 글자별 색, 아이템을 추가하면 추가 비용이 발생한다.

다양한 형태의 이름표

의상과 소품

　쇼핑 라이브는 재미있어야 한다. 그래서 많은 진행자가 다양
한 의상과 소품을 이용한다. 예를 들어, 어린이용 코스튬 판매자
는 직접 만화에 나오는 공주 코스튬을 입고 진행하기도 하며, 설
날이나 크리스마스 등 명절이나 기념일을 노린 방송은 그 특색을
살리는 데에 아낌이 없다. 명절이 콘셉트이면 한복을 입고 진행하
고, 크리스마스가 콘셉트이면 빨간색과 초록색이 들어간 의상이

크리스마스용 소품

나 소품으로 구색을 맞춘다. 자기 전에 도포하는 슬리핑팩 판매자는 파자마를 입고 방송하기도 한다. 콘셉트에 맞는 소품과 의상은 시청자로 하여금 현실감과 재미를 느끼게 한다.

음식을 돋보이게 하는 소품

보기 좋은 떡이 먹기도 좋다는 말처럼, 음식의 경우 먹음직스럽게 보여야 팔린다. 소비자를 유혹할 도구를 몇 가지 소개한다.

턴테이블

음식은 조리 후 완성품이 나와야 구매 버튼으로 이어진다. 그러므로 완성품은 최대한 먹음직스럽게 보이게끔 세팅되어야 한다. 작은 턴테이블을 추천한다. 음식을 뱅글뱅글 돌아가는 턴테이블에 올려 화려하게 보이도록 하고, 모든 면을 보여줌으로써 음식의 생생함을 보여 준다.

플레이팅 도구

음식을 돋보이게 하려면 어울리는 식기와 식탁 용구가 필요하다. 해당 음식을 먹는 법, 분위기를 연출하는 법을 알려 주는 것도 진행자의 몫이다. 처음에 철판에 고기를 구워 한두 점 맛있게 먹는 모습을 보여 주었다면, 두 번째는 고기를 고급스럽게 플레이팅 해 특별한 분위기를 보여 주어야 한다. 판매 음식과 어울리는 식기와 그와 어울리는 채소나 과일, 테이블 매트, 식탁 용구를 마련하자.

02

잘 파는 진행자의
설득의 기술

　같은 상품이라도 전문 쇼호스트가 팔 때와 판매자인 내가 팔 때의 매출에 차이가 있다. 제품에 대해 판매자인 내가 제일 잘 아는 데도 말이다. 잘 파는 진행자가 되려면 어떻게 해야 할까? 기본은 좋아 보이는 것을 더 좋아 보이게 하기 위한 '진정성과 상품력, 설득력'을 갖추는 일이다. 이번 장에서는 잘 파는 진행자들의 말하기 비법을 알아보겠다.

웃지 않으려거든 가게 문을 열지 말라

　유대인의 격언에 '웃지 않으려거든 가게 문을 열지 말라'라는 말이 있다. 웃음은 전염되는 속성이 있고, 자신감의 표현이기도 하며, "사람은 논리적인 것을 좋아하지만, 더 근본적으로는 감성적인 것을 좋아합니다."라는 《논백 리더십 전략》의 신병철 박사의 말처럼 말을 잘하는 방법을 알기에 앞서 필요한 요소이다. 진행자의 미소는 제품으로 전이가 되어 시청자에게 호감을 줄 수 있다. 미소가 어색하다면, 이후에 나올 '당신이 이 판의 주인공이다'에서 제시하는 미소 짓는 연습을 하고 방송을 진행하자.

두괄식으로 말하라

말할 때 소비자에게 제품을 자신 있게 소개하는 이유부터 밝히자. 쇼핑몰을 운영할 때 고객의 전화보다 더 많이 받은 게 마케팅 회사의 전화였다. 처음에는 '고객인가?' 싶어 통화하다가, '쇼핑몰 MD인가?' 싶다가 결국에는 마케팅을 하라는 광고 전화였다. 내 쇼핑몰 사이트에 대한 분석부터 요즘의 트렌드, 회사 소개가 줄줄 이어진다. 이런 전화를 여러 차례 받다 보니 나중에는 중간에 말을 끊고 "그래서 마케팅 업체를 쓰라는 건가요?"라고 전화 목적부터 묻는 요령이 생겼다. 이처럼 초반에 말이 길어지면 시청자는 그냥 나가 버린다. 매장에 온 고객이라면 표정을 보고 눈치껏 다른 제품을 보여 주며 조금 더 매장에 머물게 할 수 있지만,

라이브에서는 그들을 잡을 길이 없다. 방송을 시작했다면 간단한 인사 후 바로 제품을 소개하자. 소개 방법은 다음과 같다.

질문하기

타깃 고객이 느낄 법한 가장 큰 두려움을 질문으로 던지자. 그러면 시청자는 호기심과 기대감을 안고 다음 내용에 집중하게 된다. "집에 있는 시간이 많은 요즘, 배달 음식 많이 드시죠? 탄수화물과 지방이 많은 음식이 대부분일 거예요. 가끔씩 담백한 집밥 그립지 않으세요?" 이 질문을 던지는 순간, 시청자는 한 상 잘 차려진 밥상을 상상하며 어떤 제품을 소개할지를 기대하게 될 것이다. "제가 오늘은 젓갈 세트를 가지고 나왔는데요. 오늘은 이 젓갈들로 집에서 아주 간단하게 해 먹을 수 있는 요리를 소개하려 합니다. 이제 집밥 챙겨 드세요."라고 말을 이으면 된다.

소개하는 제품을 통해 타깃 고객이 해결할 수 있는 것이 무엇인지 생각해 보자. 고객의 고민이 무엇인지를 질문하고, '우리 제품이 고민을 해결해 드릴게요.'가 답이 되어야 한다.

기대감 자극하기

시청자가 충분히 공감할 만한 무언가를 전달하고 수용하는 것을 '동의적 접근법'이라고 한다. 타깃 고객이 충분히 공감할 만한 제품의 특징과 장점을 꾸준히 언급하면, 시청자는 방송에 대한 기대감을 갖게 된다. "통영에서 아침에 수확한 굴로 담가 보내 드리는 어리굴젓! 신선함이 살아 있어요."라고 한다면, 타깃은 주부 혹은 1인 가구이다. 여기에 20대 여성을 공략하고 싶다면 굴의 신선함보다는 굴이 피부에 좋고 다이어트에 좋은 효능을 이야기하는 게 공감을 살 수 있을 것이다. 의류를 판매할 때, 40대가 타깃이라면 "순면이라 목에 닿는 부분이 까슬거리거나 답답하지 않아요. 촉감을 눈으로 확인해 보시겠어요? 얼마나 부드러운지?"라며 입었을 때의 편안함과 재질의 고급스러움을 이야기하고, 20대가 타깃이라면 "겨울에 패딩 많이 입으시잖아요. 진정한 패피는 패딩 안에 가려진 이너를 어떻게 입느냐에 따라 달라집니다."라는 식으로 유행과 패션을 말하는 게 좋다.

가격 할인과 혜택 소개하기

이름만 대도 알 만한 브랜드 제품의 경우에는 이미 해당 제품의 특징과 장점을 알고 참여한 시청자가 많다. 그러므로 그들의 관심사는 할인율과 혜택이다. 유명한 브랜드 제품이라면 이를 먼저 언급해 유혹하자. 단, 알려지지 않은 제품이거나 타 브랜드와의 차별성을 가진 제품이라면 제품에 대한 기대감을 갖게 한 후 가격과 혜택을 언급하는 게 좋다.

명확하게 말하라

'~일 것 같다'는 말을 습관적으로 사용하는 사람이 있다. 주관적인 의견 전달이다. 진행자가 의견을 줄 뿐, 선택권은 시청자에게 있다는 식의 표현은 민주적으로 보이지만, 확신을 주기에는 부족하다. 진행자는 고객에게 제품에 대한 확신을 주는 표현을 사용해야 한다.

"이 제품은 우리 강아지가 정말 좋아할 것 같아요."와 "이 제품은 재질이 부드럽고 푹신푹신해서 강아지가 정말 좋아할 수밖에 없어요." 둘 중 어느 표현이 더 믿음이 가는가? 라이브 커머스에서 진행자는 제품에 대한 정보를 다양하게 제공하는 동시에 선택에 도움을 주는 큐레이터의 역할도 해야 한다. 직접 몸에 발라볼 수 없는 색조 화장품일 경우, 소비자는 다양한 질문을 하며 자신에게 맞는 색을 고르게 되는데, 이때 진행자의 전문적 정보 제공이 결정을 이끌기도 한다. "여러분, 피부 톤 정확히 아세요? 잘 모르시면 손목 안쪽 핏줄 색을 보시겠어요? 핏줄이 파란 분들은 쿨톤이니 이쪽 제품을 추천하고요, 녹색 빛이면 웜톤이니 이쪽 제품을 고르세요."라고 말하면 맞춰서 구매를 도울 수 있다. 식품이라면, "어르신들은 보통 매콤한 고추장 소스를 선호하고, 아이들은 97%가 달달한 데리야끼 소스를 선호해요. 집에 아이가 있다면 맛 별로 구입하셔서, 한 팩은 아이들 먹이고 한 팩은 부모님이 드세요."라고 말한다. 판매 경험이 많을수록 어느 시점에 구매를 망설이는지 잘 안다. 이때 해결책을 제시해 준다면 시청자는 자신의 선택을 확신할 수 있다.

진행자의 말은 부드럽지만 강한 힘이 있어야 한다. 만약, 평소에 강하게 의견을 내세우는 걸 힘들어 했다면, 확신을 주는 말하기를 연습하자.

긍정적인 언어로 표현하라

심리학 용어 중에 '초두 효과'라는 것이 있다. 처음 제시된 정보 또는 인상이 나중에 제시된 정보보다 기억에 더 큰 영향을 끼치는 현상을 말한다. 그러므로 방송에서 제품의 단점부터 말하면 안 된다. 곧이어 부연 설명을 하더라도 시청자는 앞서 말한 단점을 더 강하게 인식할 것이다. "장어는 원래 조금 비린 맛이 있죠. 그래서 비린 맛을 제거하고 맛있게 드시라고 생강을 함께 드립니다."와 "저희 장어, 더 맛있게 드시라고 생강과 락교 세트 함께 보내 드립니다." 어떤가? 첫 번째 문장은 장어의 단점을 인정하고 추가 상품으로 이를 만회하고자 했고, 두 번째는 장어 자체의 맛을 자랑하고 추가 상품은 덤으로 받는 느낌을 주었다.

어느 제품이나 단점은 있다. 단점을 단점으로 인정하기 전에 긍정으로 전환할 수 있는 구매 포인트를 찾자. 고객이 꼭 알아야 하는 정보 가운데 단점이 될 만한 것이 있다면 그와 관련한 긍정적인 면을 언급하며 단점을 커버하자. 고객은 자연스럽게 고개를 끄덕일 것이다.

고객을 불안하게 하라

앞서 공감할 만한 내용을 전달해 공감하도록 하는 것을 '동의적 접근'이라고 했다. 이와 반대로 고객의 불안을 조장하는 방법을 '위협적 접근'이라고 한다. "매일 드시는 배달 음식, 가만히 보면 탄수화물과 지방이 많은 음식이거나 자극적인 음식이 대부분입니다. 이런 음식을 지속해서 섭취하면 장내 유익균이 자라지 못해 면역력이 떨어지는 거 아세요?" 이를 들은 시청자는 당장 이 불안함의 해결법을 알기 위해 방송을 계속 볼 것이다.

건강과 다이어트 제품에 이를 적용하는 경우가 많다. 보험 상품을 파는 홈쇼핑은 어김없이 질병에 관한 이야기를 하며, 전 세계의 몇 퍼센트가 이 병에 걸렸는지, 여성의 몇 퍼센트가 걸렸는지 수치까지 말한다. 이를 듣고 있으면 '나도 그 안에 포함되지 않을까'라는 생각으로 불안해지며 상품 혜택을 유심히 보게 된다. '매진 임박! 서두르세요!'와 같은 표현도 불안감을 조성하는 멘트이다. 눈여겨보는 제품이 매진되어 가는 걸 보면 조급해지고 빨리 사야 할 것만 같다. "지금 방송 다 끝나 가는데 이 혜택은 방송 중에만 드린다는 거 다시 말씀드릴게요. 구입을 고민하시는 분은 서두르세요! 지금 방송 7분 남았습니다. 방송이 끝나면 정상가로 돌아가요, 여러분. 이 와중에 화이트 색상은 매진되었습니다." 이 얼마나 급박한 상황인가? 시청자는 지금 사지 않으면 다시는 기회가 안 올 것 같은 마음에 이성적 판단력이 흐려진다. 잘 파는 진행자는 소비자를 안달나게 한다.

고객의 욕망을 자극하라

샌프란시스코에 있는 노드스톰 백화점 1층에 '에버크롬비'라는 의류 매장이 있었다. 이 의류 매장 입구는 들어서자마자 에버크롬비에서만 맡을 수 있는 향기와 펑키한 음악이 쩌렁쩌렁 울리고, 남자 점원은 윗옷을 벗고 청바지만 입은 채 탄탄한 복근을, 여자 점원은 바비 인형 같은 몸매를 자랑하며 에버크롬비의 옷을 입고 활보했다. 나는 '나도 저 옷을 입으면 점원들처럼 예쁘겠지?'라고 생각하며 그대로 따라 산 적이 있다. 디자인이 동양인에게 어울리지 않는 데도 말이다. 이렇게 소비자는 제품 자체가 아니라 제품을 통해 얻을 수 있는 결과물을 상상하며 구입한다. 에어 프라이어를 구입하며 가족과 맛있는 음식을 먹을 수 있음을 기대하고, 화장품을 구입하며 진행자처럼 광채가 나는 피부를 기대한다. 피부 관리실에서 피부 관리를 받는 것보다 저렴한 비용으로 피부 관리 10회를 받는 효과를 낼 수 있다는 환상에 서둘러 구매 버튼을 누른다.

명품은 설득하지 않는다. 명품의 가격은 제품의 역사와 희소성으로 매겨진 값으로 제품의 가치를 대변한다. 미국의 경제학자 소스타인 베블런은 부자들이 과시적인 소비를 하는 이유는 그들이 명품을 구매함으로써 자긍심을 느끼는 동시에 동료나 친구들에게 선망의 대상이 되기 때문이라고 했다. 소비자가 명품의 아름다움과 고급스러운 재질에 매료되어 구입하는 것 같지만 사실 명품을 소유함으로써 자신이 특별한 존재가 되는 것 같은 느낌과 주위의 시선을 상상하며 구매한다는 말이다.

그러므로 제품 자체를 설명하기보다 제품을 사용함으로써 얻을 수 있는 가치를 알려 주자. 밀키트를 판매한다면 그로 인해 맛과 영양은 물론 절약되는 시간의 가치를 언급하자. 프랑스의 철학가이자 정신분석학자 라캉은 '인간은 타자의 욕망을 욕망한다'라고 했다. 우리가 원한다고 생각하는 것은 사실 남이 원하는 것일 수 있다는 말이다. 잘 파는 진행자는 욕망을 채운 타인의 모습을 보여 주면서 소비자의 자기 충족을 자극하는 고난도의 기술을 갖고 있다.

제품의 가치를 증명하라

내 제품을 믿고 구입하게 하기 위해서는 수상 내역이나 유명인의 사용 내역, 유명협회와 기관의 인증에 대해 알리는 것도 좋은 방법이다. 식품이라면 HACCP과 KC 마크를 강조하며 신뢰감을 주자.

약재를 파는 한 유튜버가 자고 일어나니 주문량이 폭주해 물건을 수급하느라 진땀을 뺀 이야기를 한 적이 있다. 알고 보니, 전날 뉴스에서 해당 약재의 효능에 대한 방송이 나갔다고 한다. 그는 언론의 위력을 느끼며 계속 늘어나는 주문량을 감당하지 못하기까지 했다. 유명인의 한 마디도 파급력이 있다. 한 TV 프로그램에서 개그우먼 이영자 씨가 안면도의 한 식당에서 반 건조 우럭찜을 먹으며 할머니가 어릴 때 해 주신 맛이라며 눈물을 보인 적이 있다. 그러자 해당 식당은 물론, 안면도의 반 건조 우럭 판매량이 급증했다. 만약 당신의 제품을 유명인이 사용하거나 언급한 적이 있다면 놓치지 말고 부각해 알리자.

진행자가 아무리 좋다고 외쳐도 소비자는 냉정하다. 소비자는 친구가 맛있다고 권장해야 두말없이 구매한다. 유자차 판매 1분 20초 만에 6억 원 이상의 매출을 올린 왕훙의 경우에도 애초에 소비자가 왕훙의 유자차 맛과 영양을 알고 구매한 게 아니다. 유명 인플루언서가 소개했기 때문이다.

03

당신이
이 판의 주인공이다

　라이브 커머스를 성공적으로 진행하기 위해서는 전문적인 쇼호스트만큼은 아니더라도 신뢰감을 주는 이미지와 밝은 표정, 제품에 대한 자신감이 있는 목소리는 기본적으로 갖추어야 한다. 그래야 주인공이 될 수 있다. 앞서 라이브 커머스의 생태와 준비에 대해 다뤘다면, 이제는 시청자의 시선이 가장 먼저 닿는 곳인 당신의 이미지를 체크해 보자.

콘셉트에 맞는 진행자의 이미지

　라이브에서는 화면에 보이는 영상이 곧 메시지이다. 그러므로 쇼처럼 생생하게 진행되는 모바일 라이브에서 진행자의 이미지는 매우 중요하다. 실제로 진행자의 이미지가 익숙하고 친밀할수록 제품에 매력을 느끼고 설득된다는 연구 결과가 있다. 진행자가 콘셉트에 맞춰 옷과 액세서리를 착용하는 전략적 설정을 하는 이유이다. 다음은 진행 전 체크해야 할 사항이다.

헤어와 손톱은 깔끔하게 정리한다

대중에게 정확한 정보를 전달해야 하는 아나운서는 신뢰감을 주는 이미지를 연출한다. 아나운서를 보면 모두 단정하고 이마를 가리지 않은 헤어스타일이다. 장발이어도 뒤로 넘기거나 옆으로 넘겨 이마를 드러낸다. 여성 아나운서는 액세서리도 깔끔한 걸로 착용한다. 얼굴의 일부를 가리지 않고 드러내는 것 자체가 신뢰감을 주기 때문이다. 라이브 진행자도 아나운서와 마찬가지로 제품을 대중에게 전달하고 신뢰감을 주어야 하므로 비주얼 메이킹이 필요하다. 꼭 아나운서처럼 딱 떨어지는 이미지일 필요는 없지만 신뢰감과 친숙함을 주기 위한 노력은 해야 한다.

우선, 앞머리는 눈썹 밑으로 내려오지 않게 정리한다. 앞머리가 길면 반드시 넘겨서 이마를 드러내고, 남성 진행자라면 젤을 발라 고정한다. 또한, 일자로 내려오는 앞머리는 답답해 보일 뿐 아니라 얼굴의 일부를 가리게 되어 무언가를 숨기고 있다는 느낌을 줄 수 있다. 머리카락을 쓸어 넘기는 행위도 좋지 않다. 특히 음식을 판매하거나 요리 시연을 할 경우 비위생적으로 보인다. 장발이라면 깔끔하게 묶고 젤로 잔머리를 정리하자.

헤어스타일만큼 신경 써야 할 부분은 손톱이다. 정리가 안 된 손톱, 지나치게 화려한 색이나 스톤이 박힌 손톱은 제품의 친밀도와 구매욕을 떨어뜨린다. 요리를 시연한다면 위생장갑을 끼는 것도 방법이다.

콘셉트에 맞는 복장을 갖춘다

고객은 당연히 익숙한 것을 좋아하며, 제품의 콘셉트에 맞는 복장에 호감을 느낀다. 소개하는 브랜드의 대표 색상에 맞춘 복장도 센스 있는 선택이다. 또한, 진행자가 셰프라면 조리복을, 수면 전에 바르는 슬리핑팩을 판매한다면 파자마를, 건강 제품을 판매한다면 의사 가운을 입고 방송한다면 신뢰감을 줄 수 있다.

기념일의 콘셉트에 맞춘 복장도 좋다. 크리스마스에는 빨간색과 녹색이 들어간 옷을 입고, 명절에는 한복을 입는 것이다. 여기에 큰절을 하는 퍼포먼스도 좋은 시도이다. 산지에서 방송한다면 작업복을 그대로 입고 방송하는 것도 생생한 느낌을 줄 수 있다. 이처럼 제품의 특색을 진행자의 복장으로 보여 준다면 라이브의 오락적 요소를 강화할 수 있다.

단, 지나치게 화려한 액세서리와 복장은 피하자. 특히 푸드·리빙 관련 방송이라면 더욱 집에서 보는 듯한 편안함을 주어야 한다. 주부를 대상으로 하는 주방용품을 소개하면서 지나치게 화려하거나 몸매가 드러나는 의상은 부담스럽기만 하다. 진행자가 아니라 제품이 돋보여야 매출을 올릴 수 있다.

팔리게 하는 표정 만들기

라이브는 생생함이 관건이며, 방송을 활기차게 이끌어 갈지 진지하게 이끌어 갈지는 진행자의 몫이다. 그러나 긍정적인 제품의 이미지를 만들기 위해 밝게 웃는 표정은 기본이다. 입꼬리만 올라간 웃음이 아니라 눈이 함께 웃는 표정을 만들자. 흔히 '광대 승천'이라고 하는 웃음 말이다. 진정한 미소는 광대가 살짝 올라가고 눈두덩이 움푹 파이면서 입꼬리가 자연스럽게 올라간 미소이다. 또한, 입꼬리가 올라가면 자연스럽게 목소리 톤이 올라가고 생동감이 생긴다. 좋은 표정에 대해 연구하는 얼굴 박사 송은영 교수는 좋은 표정을 만드는 방법으로 입을 꾹 다물고 '으흠' 소리를 낼 것을 권한다. '으흠'은 소리를 낼 때 광대와 입꼬리가 동시에 올라가는 효과를 주며, 이 상태로 대화하면 상대의 호감을 살 수 있다. 물론 눈도 자연스럽게 웃어 주어야 한다. 평소에 감정 표현에 자연스러운 사람은 입꼬리와 광대가 올라간 미소도 자연스럽지만, 그렇지 않은 사람은 연습이 필요하다. 다음과 같이 연습해 보자.

얼굴 근육 스트레칭

- 엄지를 턱 아래에 맞대고 손바닥 전체를 이용해 양 볼을 귀까지 쓸어 당긴다. 3초 정도 정지했다가 손을 뗀다.
- 눈썹을 5등분해 엄지와 검지로 미간부터 꾹꾹 누른다. 웃을 때 자연스럽게 올라가는 눈썹을 만들기 위한 동작이다.
- 양 엄지로 턱을 받치고, 턱을 따라 주먹을 밀어 입꼬리를 올린다. 입꼬리뿐 아니라 턱살이 늘어지는 걸 방지하는 동작이다.
- 하루 세 번 반복한다.

실제로 면접을 준비하는 학생에게 이 방법을 알려 준 적이 있는데, 입사도 하고 여자친구도 생겼다며 기뻐하는 모습을 보였다.

덥수룩한 머리에 항상 검은색 옷만 고집하던 학생이었는데, 머리도 깔끔하게 정리하고 그의 퍼스널 컬러인 겨자색 옷을 맞춰 입고는 한결 부드러운 표정을 장착한 채 말이다. 그는 취업 1년 후 해외 바이어를 만나러 다니는 업무를 맡게 되었다. 표정의 변화와 함께 찾아온 결과였으리라. 당신도 늘 어색한 미소에 굳어 있는 표정이라면 하루 세 번 2주만 투자하라. 몸의 근육을 이완시켜 부드럽게 만들 듯이 얼굴의 근육도 풀어 주어야 한다. 눈썹, 눈, 입꼬리가 모두 얼굴 바깥으로 간다고 의식하며 스트레칭하면 훨씬 자연스러운 미소를 띠게 될 것이다. 좋은 미소를 만들었다면 그다음은 상대의 눈을 보고 미소 띤 표정으로 말하기를 연습하면 된다.

진정한 소통의 비법, 아이 콘택트

진행자가 반드시 해야 할 세 번째는 눈 맞춤이다. 상대방과 대화할 때 눈이 마주친 순간의 기쁨의 뇌파가 나타난다고 한다. 라이브에서 눈을 마주쳐야 할 상대는 카메라이다. 자연스러운 미소로 능숙하게 카메라와 눈을 맞추자. 물론, 카메라를 보며 능청스럽게 말하는 게 쉽지는 않다. 나도 처음에는 카메라가 아닌 카메라 왼쪽에 있는 모니터나 제품을 바라보았다. 시청자의 눈을 피해 제품을 설명한 꼴이다. 그러나 연습으로 해결할 수 있다! 연습할수록 시청자와 자연스럽게 소통할 수 있다.

전달력 200% 상승시키는 목소리

지인들과 식사하다가 셰프인 듯한 훤칠한 남성을 보았다. 호감형이라 그냥 눈길이 갔다! 그런데 순간, 그 남성이 아르바이트생을 불러 "이 XX야! 여기 좀 닦고, 정리 좀 해!"라고 하는 게 아닌가. 말끝마다 비속어에 가늘고 고음의 목소리는 우리의 신뢰감을 앗아갔으며, 식당에 앉아 있는 것조차 불편해졌다.

목소리를 제2의 얼굴이라고 한다. 목소리로 성격이나 체격을 짐작할 수 있기 때문이다. 남성의 굵고 중저음의 목소리는 체구가 있고, 여유가 있으며 지적인 느낌을 주며, 빠르고 고음의 목소리는 유쾌하고 열정적인 인상을 주지만 급하고 가벼워 보일 수 있다. 아마 위의 셰프가 배우 이선균 씨처럼 중저음의 듣기 좋은 목소리였다면 나는 아마 전화번호를 받아 내 라이브의 게스트로 초대했을 것이다.

미국의 심리학자 알버트 메리비언은 '메시지 전달에 있어 목소리는 38%, 표정은 55%, 태도는 20%의 역할을 하며, 정작 메시지 자체는 겨우 7%의 역할밖에 하지 않는다'라고 밝혔다. 즉, 신뢰감을 주는 목소리를 낼 때 메시지 전달력이 높아진다고 볼 수 있다.

목소리는 상황에 따라 달리 연출되어야 한다. 아침 회의나 모임에 참석했을 때는 고음으로 활기찬 느낌을 주고, 상담이나 컨설팅에서는 천천히 저음으로 말하는 것이 상대에게 신뢰를 줄 수 있다. 실제로 이성과 데이트할 때는 고음의 밝은 목소리가 상대에게 호감을 주고, 프러포즈할 때는 저음의 진중한 목소리가 좋다고 한다.

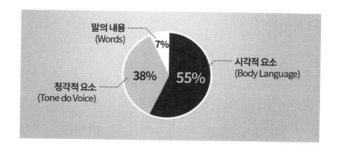

미국의 버크 마케팅 서비스 연구소의 더니모어 박사는 상품에 대한 선전 메시지를 130%, 160% 빠르게 해서 대상자에게 들려주어, 말의 속도와 판매의 상관관계에 대해 연구했다. 그 결과, 빠르게 말할수록 상품에 대한 구매욕이 올라간 것을 볼 수 있었다.

크고 빠르고 명확한 소리는 설득력을 높인다는 것이다. 그러므로 쇼호스트는 설득력을 갖추기 위한 목소리를 위해 판매 제품에 따라 톤을 조정하되, 기본적으로 고음으로 빠르게 말하는 게 좋다. 꼭 사야 할 것 같은 긴박감과 구매욕을 불러일으키기 때문이다. 물론, 말에 막힘이 없어야 전문적으로 보인다. 라이브 커머스에서는 화면과 목소리로만 판매하기 때문에 더 주의해야 한다. 그렇다면 라이브 방송에 적합한 목소리는 정확히 무엇일까?

호감 있는 목소리

좋은 목소리란 듣기 좋은 목소리이다. 나만 해도 날카로운 음성에 듣기 불편한 목소리의 유튜브 영상은 오래 보지 않는다. 구체적으로 방송에 적합한 목소리는 다음과 같다.

첫째, 전달력이 좋다. 발음이 정확하고 성대가 울리는 중고음의 음역이 보통 전달력이 좋다. 전달력이 좋은 말은 마치 이어폰을 꽂고 듣는 것처럼 귀에 쏙쏙 박힌다. 사투리와 허스키한 목소리와는 별개이다. 유명 강사 김미경 씨는 목소리가 살짝 허스키하지만, 전달력이 좋다. 말의 소리가 안으로 먹히는 듯이 난다면 교정하자. 상대가 집중하기 힘든 소리이다.

둘째, 자신감이 있다. 소리가 크고 발음이 정확하며, 단어와 단어, 어미와 조사를 끌지 않고 깔끔하게 마무리한다. 이런 말소리는 제품에 대한 자신감을 보일 수 있고, 전문가다운 인상을 준다. 내가 승무원 컨설팅을 할 때, 모든 것이 완벽한데 말끝이 늘어져서 전체적으로 억양이 내려간 게 아쉬운 학생이 있었다. 그리고 말에 학생 티를 벗지 못한 부분이 있었다. 한마디로 세련되지 않았다. 그래서 나는 그녀에게 아르바이트하며 사회 경험을 쌓으라고 조언했다. 3개월간 프랜차이즈 레스토랑에서 일하며 많은 사람을 만난 그녀는 말을 늘어뜨리는 습관을 고치고 자연스러운 미소를 지으며 세련되게 말하는 여유를 장착해 돌아왔다. 그러고는 한 번에 면접에 통과해 지금은 메이저 항공사에서 일하고 있다.

셋째, 친근함이 있고 유쾌하다. 목소리에도 표정이 있다. 정확히 말하면 화자의 표정이 들어 있다. 고객센터에 전화하면 똑같은 내용인데도 기분 좋게 말하는 사람이 있고, 대접받지 못한다는 기분에 더 화를 내게 하는 사람이 있다. 우리가 전화기 너머 상대의 표정을 읽었기 때문이다. 오랜만에 친한 친구를 만났다고 생각해 보자. 곧 만난다는 설렘에 약속 장소의 문을 열자마자 인사를 한다. "잘 지냈어?"라는 목소리는 상기되어 있고 입꼬리는 한껏 올라가 있다. 그리고 유쾌한 말이 절로 나온다.

상기된 목소리는 이렇게 귀로만 들어도 알 수 있으며 듣는 이를 기분 좋게 만든다. 여기에 손까지 흔들어 시각 정보와 적당한 감탄사까지 넣는다면 금상첨화다. 맛있다는 말에 감탄사와 수식어를 넣어 표현을 극대화해 보자.

감탄사와 수식어 넣기

- 놀란 표정을 지으며 "맛있다!"를 말한다. 무표정일 때보다 정말 맛있는 맛이 느껴질 것이다.
- 감탄사를 넣어 말한다. "음~ 맛있다!"
- 수식어를 넣어 말한다. "음~ 정말 맛있다!"
- 제스처를 추가한다. 보는 이는 자신도 모르게 침을 삼킬 것이다. 유쾌함은 말과 표정, 제스처가 동시에 일어났을 때 나타난다.

개선해야 할 목소리

내지 말아야 할 목소리도 있다. 불안정한 발음과 음역대, 사소하지만 불편할 수 있는 말투와 습관은 반드시 개선해야 한다. 다음과 같은 말 습관을 삼가자.

첫째, 웅얼거리지 말자. 웅얼거리듯 말하면 소리의 전달력이 떨어지기 마련이다. 시청자는 상품에 대한 정보를 얻기 위해 방송을 보므로 우리는 상품의 장점과 특징을 보여 주며 최대한 사고 싶게 만들어야 한다. 시청자 입장에서는 내 방송이 아니어도 볼 게 많다. 사고 싶은 것도 많다. 처음에는 무슨 말을 하는지 귀를 기울이겠지만, 제대로 들리지 않으면 채널을 돌려 버릴 것이다.

둘째, 소리의 끝을 흐리며 작게 말하지 말자. 자신감이 없어 보이는 말소리는 제품의 신뢰도를 떨어뜨린다. 시청자는 좋은 제품인 걸 알고 들어와도 판매자가 자신이 없어 보이면 사지 않는다. 실제로 일본에서 메이크업을 배운 오랜 경력의 메이크업 아티스트의 방송을 본 적이 있다. 맞춤형 메이크업과 메이크업 스킬을 설명하며 제품을 파는 신선한 방송이었다. 팁도 정말 유용했다. 그러나 판매자가 수줍음이 많았는지 말소리가 작고 말끝을 흐려서 귀를 쫑긋 세우지 않으면 무슨 소리인지 알아듣기가 힘들었다. 좋은 콘텐츠에 비해 목소리가 제 역할을 하지 못한 것 같아 아쉬웠다.

잘 들리는 목소리를 위한 발성법

지문과 목소리의 공통점은 사람마다 다르다는 것이다. 차이점은? 목소리는 튜닝이 가능하다! 지인 중에 중저음의 매력적인 목소리의 강사와 뮤지컬 배우가 있는데, 두 사람에게 좋은 목소리를 위한 비법을 물으니 같은 대답을 해 왔다. 둘 다 처음부터 목소리가 좋았던 게 아니라 목소리에 대한 콤플렉스를 고치기 위해 부단한 노력을 했다는 것이다. 성공한 사례이다. 두 사람은 정말로 처음 만났을 때부터 목소리가 인상적인 사람들이었다.

이들이 권한 방법은 '매일 소리 내어 신문 읽기'이다. 사실 신문이든 뭐든 읽을거리면 상관없다. 신문의 칼럼 정도 길이의 문장을 매일 소리 내서 읽되, 정확하게 읽어 내려 노력하자. 정확하게란 정확한 발음과 적절한 속도, 끊어 읽기, 강약 조절이 지켜져야 한다. 다음과 같이 연습하고, 익숙해지면 15분씩 규칙을 지켜 읽자.

복식 호흡하기

좋은 발성의 기본은 바른 자세에서 나오는 복식 호흡이다. 허리를 펴고 코로 숨을 들이마신다(이때 가슴은 움직이지 않고 배는 볼록 나와야 한다). 다음, "아~~~~" 소리를 내며 숨을 내뱉는다(이때는 배가 홀쭉해져야 한다). 숨을 내뱉을 때는 배가 천천히 들어가게 하고 호흡을 일정하게 한다. 코앞에 얇은 티슈 한 장을 대고 확인하면 좋다. 소리가 일정해지면 '아, 에, 이, 오, 우'를 모두 발음해 본다.

정확하게 발음하기

스타카토로 연주하듯 글자를 한 자 한 자 또렷하게 끊어 읽자. 이때 입은 최대한 크게 벌리고 정확히 발음한다. 다음 문장을 읽어 보자.

- 아버지는 아침에 운동을 하신다.
- 사과나무에 사과가 열렸다.
- 어머니는 몰디브로 여행을 가셨다.
- 아이가 아장아장 걷는다.

한 자 한 자 끊어 읽기가 끝났으면 입을 크게 벌리고, 연결해서 읽어 보자. 훨씬 정확하게 발음되는 것을 느낄 수 있을 것이다.

끊어 읽기와 강약 조절하기

목소리의 톤을 조절하는 방법이다. 대학 때 나를 잠들게 했던 교수님이 계시다. 지루하고 어려운 해부학 수업이었는데, 교수님은 수업 시간 내내 차분하고 일정한 톤으로 강의하셨다. 톤에 변화를 주며 말씀하셨더라면 잠들지 않았을 텐데 싶다. 톤에 변화를 주면 듣는 이를 몰입시킬 수 있으며, 이는 말하기의 속도와 강약을 조절하는 것만으로도 가능하다.

구체적으로는 글을 의미 단위로 끊고, 끊는 부분에 적당한 공백을 주고 이어 나가자. 끊긴 부분을 길게 늘이지 않도록 주의해야 한다. 또한, 강약 조절은 목소리의 높낮이와 속도 등으로 변화를 줄 수 있다. 예를 들어, 제품을 판매할 때 개수나 가격 등에 대한 숫자는 중요한 요소이므로 소리를 크게 하고 또박또박 말해야 한다. 또한, 제품의 이름이나 지역명, 특징 등을 강조할 때는 톤을 높여 해당 단어를 말하고, 살짝 긴장감을 주고 싶을 때는 1초 정도 여유를 준다.

이 방법으로 매일 15분 신문 읽기를 해 보자. 처음에는 정독하며 끊어 읽을 부분, 강조할 부분을 표시한다. 그런 다음, 복식 호흡 후 한 자 한 자 끊어 읽고, 표시한 대로 강약과 속도를 조절하며 쭉 읽는다. 정확한 발음과 좋은 소리를 내는 데 도움이 될 것이다. 처음에는 이러한 규칙대로 말하는 게 쉽지 않고 어색하다. 그러나 습관이 되면 말하기 기술이 빠르게 발전할 것이다.

평소에도 발성에 신경 쓰고 정확히 말하며, 강약을 조절해서 말하려 노력하자. 신뢰감을 주는 소리와 정확한 전달력은 방송을 지루하지 않게 하기 위해, 매출을 위해 중요하다.

　지금 이 글을 쓰면서도 저는 다음 라이브를 어떻게 할 것인지를 고민합니다. 새로 선보일 제품을 어떻게 소개해야 시청자들이 좋아하고, 어떤 방식으로 먹어야 같이 군침을 흘릴지를 고민하면서 다른 방송을 참고하고 전문가의 노하우를 듣지요. 이 글을 쓰기 시작하고 벌써 해가 바뀌고 석 달이 지났습니다. 방송을 키우고 이를 토대로 글을 쓰는 동안 어떤 일이 생겼는지 아세요? 대기업이 자체 쇼핑 라이브 앱을 만들고, 홈페이지에 자체 방송 카테고리를 넣었고요, 라이브 커머스 플랫폼도 성장했습니다. 개인적으로는 식품 업체와의 OEM 계약도 두 군데나 맺었고, 주방 도구를 협찬받아 방송을 진행하기도 했어요. 어떻게 세상에 모습을 드러내야 할지 모를 제품들이 저를 통해 소개된다는 게 매우 기분 좋습니다. 그리고 사장님 세 분의 사업을 콘텐츠화해 라이브 커머스 세계에 입문시키기도 했습니다. 전혀 온라인에서 팔 수 없을 것 같은 콘텐츠를 커머스화했습니다. 물론, 저처럼 부담감과 망설임을 안고 시작하셨죠.

그러나 '위기를 기회로'라는 말을 실감합니다.

여러분 함께해요.